Da tranquilidade da alma
precedido de **Da vida retirada**
e seguido de **Da felicidade**

Sêneca

Da tranquilidade da alma
precedido de **Da vida retirada**
e seguido de **Da felicidade**

Traduzido do latim por LÚCIA SÁ REBELLO *e*
ELLEN ITANAJARA NEVES VRANAS

Texto de acordo com a nova ortografia.
Título original: *De otio, De tranquillitate animi* e *De vita beata*

Este livro está disponível também na Coleção **L&PM** POCKET
Tradução: Da tranquilidade da alma: Lúcia Sá Rebello e Ellen Itanajara Neves Vranas. *Da vida retirada* e *Da felicidade*: Lúcia Sá Rebello
Capa: Ivan Pinheiro Machado. *Ilustração: Goldenrod*, 1999, óleo sobre tela (62,5 cm x 62,5 cm), de Jane Freilicher. Coleção Particular.
Preparação: Lia Cremonese
Revisão: Patrícia Rocha

CIP-Brasil. Catalogação na fonte
Sindicato Nacional dos Editores de Livros, RJ

S479d

Sêneca, ca. 4 a.C-ca. 65 d.C.
    Da vida retirada; Da tranquilidade da alma; Da felicidade / Lúcio Anneo Sêneca; tradução de Lúcia Sá Rebello e Ellen Itanajara Neves Vranas. – Porto Alegre, RS: L&PM, 2013.
    128p. 21 cm – (L&PM CLÁSSICOS)

    Tradução de: *De otio, De tranquillitate animi* e *De vita beata*
    Apêndice
    Da tranquilidade da alma / tradução Lúcia Sá Rebello, Ellen Itanajara Neves Vranas – *Da vida retirada* e *Da felicidade* /tradução Lúcia Sá Rebello
    ISBN 978-85-254-3002-1

    1. Sêneca, ca. 4 a.C-ca. 65 d.C. 2. Conduta - Obras anteriores a 1800. 3. Ética - Obras anteriores a 1800. 4. Filosofia antiga - Obras anteriores a 1800. I. Título. II. Título: Da tranquilidade da alma. III. Título: Da felicidade. IV. Série.

09-2393.   CDD: 170
                                        CDU: 17

© da tradução e introdução, L&PM Editores, 2009

Todos os direitos desta edição reservados a L&PM Editores
Rua Comendador Coruja 314, loja 9 – Floresta – 90220-180
Porto Alegre – RS – Brasil / Fone: 51.3225.5777 – Fax: 51.3221-5380

Pedidos & Depto. comercial: vendas@lpm.com.br
Fale conosco: info@lpm.com.br
www.lpm.com.br

Impresso no Brasil
Primavera de 2013

Sumário

Sêneca, jogo de palavras e de ideias –
Lúcia Sá Rebello 7

Da vida retirada 17

Da tranquilidade da alma 31

Da felicidade 81

Sêneca, jogo de palavras e de ideias

Lúcia Sá Rebello[1]

Da vida

Lúcio Anneo Sêneca nasceu em Córdoba, Espanha. Seu pai foi Anneo Sêneca, conhecido como Sêneca, o Velho, célebre como retórico e do qual restou apenas uma obra escrita, intitulada *Declamações*. Sêneca, o Moço, foi educado em Roma, tendo estudado retórica ligada à filosofia. Em pouco tempo, tornou-se conhecido como advogado e ascendeu politicamente, passando a ser membro do Senado romano e, mais tarde, questor.

Em Roma, o triunfo político não acontecia impunemente, e a notoriedade de Sêneca suscitou a inveja do imperador Calígula. Entretanto, Sêneca foi salvo, pois Calígula morreu antes de poder destruí-lo. Dessa forma, Sêneca pôde continuar vivendo com relativa tranquilidade, mas essa não durou muito tempo. Em 41 foi desterrado para a Córsega sob a acusação de adultério, supostamente com Júlia Livila, sobrinha do novo imperador Cláudio César Germânico.

Na Córsega, Sêneca viveu cerca de dez anos com grande privação material. Dedicou-se aos estudos e redigiu vários de seus principais tratados filosóficos, entre

---

1. Lúcia Sá Rebello é doutora em Letras pela Universidade Federal do Rio Grande do Sul e professora na mesma universidade. (N.E.)

os quais os três intitulados *Consolationes* (*Consolos*), nos quais expõe os ideais estoicos clássicos de renúncia aos bens materiais e de busca da tranquilidade da alma por meio do conhecimento e da contemplação.

Em 49, Messalina, primeira esposa do imperador Cláudio, foi condenada à morte. O imperador casa-se, desta feita, com Agripina. Pouco tempo depois, esta manda chamar Sêneca para se encarregar da educação de seu filho, Nero, tornando-o, no ano de 50, pretor.

Sêneca casou-se com Pompeia Paulina e organizou um poderoso grupo de amigos. Logo após a morte de Cláudio, ocorrida em 54, o escritor vingou-se do imperador com um texto que foi considerado obra-prima das sátiras romanas, *Apocolocyntosis divi Claudii* (*Transformação em abóbora do divino Cláudio*). Nessa obra, Sêneca critica o autoritarismo do imperador e narra como ele é recusado pelos deuses.

Quando Nero foi nomeado imperador, Sêneca tornou-se seu principal conselheiro e tentou orientá-lo para uma política de justiça e de humanidade. Durante algum tempo, exerceu influência benéfica sobre o jovem, mas, aos poucos, foi forçado a adotar uma atitude de complacência. Chegou ao ponto de redigir uma carta ao Senado para justificar a execução de Agripina, no ano de 59, pelo filho. Nessa ocasião, foi muito criticado por sua postura frente à tirania e à acumulação de riquezas de Nero, incompatíveis com as suas próprias concepções filosóficas.

O escritor e filósofo destacou-se por sua ironia, arma da qual se utilizava com muita sabedoria, principalmente nas tragédias, as únicas do gênero na literatura da antiga Roma. Conhecidas como versões retóricas de peças gregas, elas substituem o elemento dramático por efeitos violentos, como mortes em cena e discursos agressivos, demonstrando uma visão mais trágica e mais individualista da existência. Sêneca deixou a vida pública em 62. Dentre seus textos, constam a compilação científica *Naturales quaestiones* (*Problemas naturais*), os tratados *De tranquillitate animi* (*Da tranquilidade da alma*), *De otio* (*Da vida retirada*), *De vita beata* (*Da felicidade*) e, talvez sua obra mais profunda, as *Epistolae morales*, dirigidas a Lucílio. *As cartas morais* (*Aprendendo a viver*), escritas entre os anos 63 e 65, misturam elementos epicuristas com ideias estoicas e contêm observações pessoais, reflexões sobre a literatura e crítica satírica aos vícios da época.

    Acusado de participar na Conjuração de Pisão, em 65, recebeu de Nero a ordem de suicidar-se, que executou com o mesmo ânimo sereno com que pregava em sua filosofia. Conta-se que sua morte foi uma lenta agonia. Abriu as veias do braço, mas o sangue correu muito lentamente, assim, cortou as veias das pernas. Porém, como a morte demorava, pediu a seu médico que lhe desse uma dose de veneno. Como este não surtiu efeito, enquanto ditava um texto a um dos discípulos, tomava banho quente para ampliar o sangramento. Por fim, fez com que o transportassem para um banho a vapor e, ali, morreu sufocado.

Da obra

Sêneca foi um mestre na redação de textos filosóficos. Escreveu cartas sobre a brevidade da vida e sobre a tranquilidade da alma, sobre o ócio, o luto e a ira. Esses textos tornaram-se clássicos da filosofia da época do Império Romano e retratam de maneira sóbria e aprofundada alguns dos principais problemas que atormentavam os filósofos daquele período.

Os textos que fazem parte deste livro podem ser intitulados de *tratados morais*. Neles são apresentadas reflexões sobre a busca de serenidade em um mundo conturbado pela dissolução dos antigos valores morais, das crenças e da tradição religiosa, na medida em que o Império Romano crescia de forma incontrolável.

Os tratados de Sêneca, pequenas obras que não representam propriamente diálogos, podem ser considerados, sobretudo, como ensaios sobre problemas morais, abordando os mais variados temas.

Os tratados morais *De otio* (*Da vida retirada*), *De tranquillitate animi* (*Da tranquilidade da alma*) e *De vita beata* (*Da felicidade*) configuram-se como exemplos das preocupações filosóficas de Sêneca.

O primeiro deles – *Da vida retirada* – visa a justificar a vida dedicada aos estudos, conciliando-a com os deveres da vida pública. O homem, que deve viver conforme a natureza, pode dedicar-se à meditação (*otium*), pois também pode ser útil a todos. De seu ponto de vista, se for possível, o homem deve ser útil a muitos; se não, a poucos; se nem a esses, aos mais próximos ou então a si mesmo. Somente assim terá conseguido realizar uma obra que possa ser considerada de valor.

Em *Da vida retirada*, Sêneca defende o afastamento de atividades públicas e político-administrativas e o recolhimento como imprescindíveis para que o homem possa cumprir a sua missão de observar e julgar tudo pelo prisma do bem e da honestidade. Em suas palavras, "aquele com plena capacidade física, antes de procurar problemas, pode colocar-se em segurança e, imediatamente, dedicar-se a artes nobres, vivendo em ócio justificado, cultivando virtudes que podem ser praticadas no mais absoluto retiro".

Em *Da felicidade*, Sêneca convida-nos a vencer os reveses da sorte, deixando de lado os prazeres, não valorizando as riquezas e eliminando aquilo que nos traz infelicidade. Afirma que a felicidade se constrói através da razão, da retidão, da harmonia com o universo. O filósofo defende uma vida sem abusos para evitar as doenças do corpo e da mente.

O texto é uma exortação de Sêneca ao seu irmão Galião e configura-se como uma apologia ao epicurismo. No tratado em questão, o filósofo aconselha o irmão a uma autonomia de pensamento, criticando a falta de opinião da maioria do povo. Segundo ele, é preciso pensar por si próprio, não se deixar conduzir, realizar o bem e não apenas aquilo que é frequentemente feito. A tranquilidade e a liberdade são o resultado de uma vida separada dos prazeres, do poder, das riquezas, da ostentação, da luxúria, da gula e dos males em geral. Deve-se praticar a virtude em detrimento do vício para ser feliz.

Do capítulo I até o XVI, Sêneca apresenta um conjunto de reflexões sobre a felicidade. No capítulo XVII, expõe as acusações contra ele e, nos capítulos seguintes, defende-se de acusações de seus inimigos. Em seu discurso, legitima a posse de seus bens, enfatizando sua conduta em relação a eles. O discurso, que deixa de ser diretamente dirigido a seu irmão e volta-se contra seus inimigos, está pautado na concretização da ação em meio às riquezas. Estas não são más, desde que não levem o indivíduo à sujeição pelo prazer.

Do seu ponto de vista, a posse de bens materiais oferece ao sábio mais formas de praticar a sua filosofia que a pobreza. Assim, o que diferencia o filósofo não é a ausência de bens, mas sua tentativa em praticar a virtude e evitar o prazer, mesmo que não tenha sucesso nessa jornada. O que importa é sua relação com esses bens, seu desapego à fortuna, seu desejo de alcançar a sabedoria.

Da tranquilidade da alma, por sua vez, reflete a dificuldade que é para o homem comum e também para o sábio manter a sua serenidade perante o espetáculo da injustiça e da baixeza, do qual é testemunha todos os dias. No entanto, o sábio não pode desprezar os maus, porque, em todos os tempos, as condições morais são quase sempre as mesmas. Se o mal é uma necessidade da vida, à qual os homens não se podem subtrair, não se deve odiá-los e, sim, aprender a respeitá-los. O sábio deve conservar-se afastado dos desejos sem limites e insaciáveis, procurar armar-se contra as desgraças, manter-se sereno mesmo perante as injustiças que observa ao seu redor.

Da tranquilidade da alma é um texto estruturado como um diálogo. Sereno, amigo do filósofo, dá início ao livro pedindo a ele que lhe faça esclarecimentos que minimizem sua angústia interior e o levem a um estado de tranquilidade da alma. O texto começa com uma carta imaginária, escrita por Sereno. "Eu te direi o que está me acontecendo, e tu encontrarás um nome para essa doença." Ao fim de suas considerações, ele afirma: "Às vezes, a minha alma se eleva com a magnitude do pensamento, torna-se ávida por palavras e aspira às alturas. Assim, o discurso já não é mais meu. Esquecido das normas e dos critérios rigorosos, elevo-me e falo com uma boca que não é mais minha." A partir daí, Sêneca vai, então, refletir sobre a maneira de contornar os obstáculos que impedem a paz.

Nestes três tratados filosóficos, Sêneca ensina a importância da reflexão interior e do afastamento das emoções carregadas de vícios, ambições e ânsia por poder e por bens materiais. Segundo ele, apenas dessa maneira pode-se viver serenamente e de modo pleno, à procura pelo aprimoramento espiritual. Ou seja, dedicando-nos ao espírito, ao pensamento e à harmonia com a natureza, fonte de toda a vida.

As três obras que compõem este volume revelam, portanto, que Sêneca foi, sobretudo, um moralista. A filosofia é para ele uma arte da ação humana, um remédio para os males da alma e um ensinamento que conduz os homens para o exercício da virtude. O centro da reflexão filosófica deve ser, portanto, a ética.

Sua concepção do mundo reproduz as ideias dos estoicos gregos sobre a estrutura verdadeiramente material da natureza. No entanto, a razão universal de filósofos gregos, como Cleanto e Zenão, transforma-se em Sêneca em um "deus" pessoal que está representado através da sabedoria, da previsão e da diligência, qualidades que devem influenciar as ações e o comportamento dos homens para que consigam que suas vidas transcorram de forma harmoniosa.

Será jogando com palavras e com ideias que Sêneca vai apresentar seu pensamento. Sem dúvida, é um jogo que, por vezes, esconde suas intenções, mas deixa pistas, indícios, e, por outras, se mostra através de uma reflexão direta e simples, levando a crer em uma superficialidade que não é real. É importante, pois, que estejamos alertas para conseguir perceber as pistas que são deixadas nas entrelinhas de seu texto. É somente assim que se pode compreender suas ideias sem nos deixar enganar por um discurso aparentemente sem compromisso (LIMA, 2004).[2] Dessa forma, "estaremos diante de um texto que se presta ao convencimento, preocupado com a conversão do outro e que, por isso, por vezes, esconde-se propositalmente, no entanto, não estaremos diante de um texto ingênuo, cujas afirmações não merecem uma análise mais detida".[3]

---

2. LIMA, A. C. "Sêneca – Aproximações". In: *Notandum*, ano VII, n. 11, 2004. Disponível em http://www.hottopos.com/notand11/index.htm. (N.T.)
3. Idem. (N.T.)

Acreditamos que o leitor, nesta incursão por mais uma obra de Sêneca, perceberá estar diante de um texto clássico que consegue, a um só tempo, proporcionar o prazer da leitura e apresentar novos horizontes para reflexão.

Da vida retirada

I

Os vícios nos acompanham constantemente. Mesmo que não buscássemos nenhuma outra coisa saudável, retirar-se, por si só, ainda poderia ser proveitoso, pois nos tornaria melhores do que somos. Que pensar então da utilidade de se retirar para perto de homens qualificados e escolher um exemplo para orientar a nossa vida? Isso, a não ser em uma vida retirada, não pode ser conseguido. Somente assim pode ser alcançado aquilo com que sonhamos, em um lugar onde ninguém interfere em nossas ações, para não deixarmos de lado nossos propósitos. Somente dessa forma pode-se conduzir a vida segundo um único princípio, em lugar de fragmentá-la com projetos diversificados.

Por exemplo, dentre todos os males, o pior de todos é quando resolvemos mudar nossos defeitos. Passar de uma coisa para outra pode agradar, mas, ao mesmo tempo, é vergonhoso, uma vez que nossas decisões tornam-se levianas. Hesitamos e somos levados para cá e para lá. Abrimos mão de nossos anseios, reclamamos do que abandonamos, as mudanças se alternam entre a nossa ambição e o nosso arrependimento.

Dependemos inteiramente dos julgamentos alheios, e parece-nos melhor aquele que tem muitos pretendentes e adoradores e não o que deve ser elogiável e desejável. Nem avaliamos o caminho do bem e do mal por si, mas pela quantidade de pistas, sendo que nenhuma assinala retorno.

Perguntas: "O que dizes, Sêneca? Abandonas os teus pares? Teus amigos estoicos dizem com certeza 'que até o último momento da vida estaremos em ação, não desistiremos de trabalhar para o bem comum, de ajudar cada um, até considerar o poder de dar auxílio ao inimigo debilitado pela idade. Somos os que não damos privilégio a nenhuma idade e, como diz aquele homem respeitadíssimo, *apertamos nossos cabelos brancos com capacete*; nós estamos entre os que, mesmo diante da morte, não ficamos parados e, se as circunstâncias permitirem, nem mesmo para própria morte será dado descanso.' Por que nos repassas os preceitos de Epicuro junto aos princípios de Zenão? Por que, em lugar de trair Zenão, visto que ele te causa aborrecimentos, não o abandonas completamente?"

Quero provar que não estou em conflito com a doutrina estoica, nem eles estão contra os próprios ensinamentos. Mesmo que eu os abandonasse, seria desculpado, porque continuaria seguindo os exemplos deles.

O que passo a dizer será dividido em duas partes. Em primeiro lugar, alguém pode, desde a primeira idade, se entregar inteiramente à contemplação da verdade e buscar a razão de viver, praticando de forma reservada. Depois, vou mostrar que, em idade já avançada, o homem, com plena capacidade, pode continuar servindo e orientando os demais, tal como as virgens vestais, que gastaram muitos anos entre vários ofícios para aprender funções sagradas. Depois, passavam a ensinar aos outros aquilo que tinham aprendido.

II

Demonstrarei que isso também agrada aos estoicos, não porque eu siga uma lei que proíbe dizer algo contra Zenão e Crisipo, mas porque a própria situação me faz seguir a opinião deles, pois, se alguém está ligado à posição de uma única pessoa, seu lugar não é na cúria e, sim, entre as facções partidárias. Se tudo fosse bem explicado e sendo a verdade professada abertamente, nada teríamos de mudar em nossas decisões. Agora buscamos a verdade na companhia daqueles mesmos que nos ensinam a respeito dela.

As duas maiores correntes filosóficas, a dos epicuristas e a dos estoicos, discordam entre si sobre esse tema, embora por caminhos diversos concordem com a vida retirada. Epicuro diz: "O sábio não deve ter acesso a negócio público a não ser que seja obrigado". Zenão fala: "Exerça função pública, a não ser que haja algum empecilho".

Dessa forma, um ordena, por princípio, a vida retirada, outro pressupõe para isso uma causa, mas o termo "causa" tem sentido amplo. Se a república estiver tão corrompida que não possa ser ajudada, se estiver toda tomada pelo mal, o sábio iria dedicar-se ao não realizável, empenhar-se para não conseguir nenhum resultado. Acrescente-se que, se tiver pouca autoridade e pouca força, a própria república não iria aceitá-lo se a saúde o impedisse. Assim como não se lança ao mar um navio com o casco danificado, nem se alistaria no exército quem estivesse debilitado, da mesma forma não se deve empreender uma caminhada para a qual se sabe não estar capacitado.

Portanto, aquele com plena capacidade física, antes de procurar problemas, pode colocar-se em segurança e, imediatamente, dedicar-se a artes nobres, vivendo em ócio justificado, cultivando virtudes que podem ser praticadas no mais absoluto retiro.

O que se exige do homem é que seja útil ao maior número de semelhantes, se possível. Caso não consiga, sirva a poucos, ou aos mais próximos, ou a si mesmo.

Ao tornar-se útil para os demais, acaba por iniciar um trabalho comunitário. Da mesma forma como quem se degenera prejudica não apenas a si, mas também a todos os quais poderia prestar auxílio caso fosse melhor, quem se aprimora apenas por isso já beneficia os outros, já que apronta quem vai poder beneficiá-los no futuro.

III

Suponhamos que haja duas repúblicas: uma grande e verdadeiramente pública na qual vivem homens e deuses e na qual nada se vê apenas por um ângulo, medindo a sua extensão pelo percurso do sol. A outra é aquela que nos foi dada ao nascer. É a dos atenienses ou a dos cartagineses ou qualquer outra que não pertença a todos os homens, apenas a alguns deles. Há indivíduos que se dedicam ao mesmo tempo a ambas; outros apenas à menor e outros, ainda, somente à maior.

À república maior, mesmo na vida retirada, podemos servir, o que me parece até ser melhor, podendo

Da vida retirada

ainda inquirir o que é a virtude; se há uma ou muitas; se é a natureza ou a prática que faz os homens bons; se aquilo que abrange as terras e os mares e o que neles está inserido é apenas uma coisa ou muitos corpos espalhados por deus; se a matéria da qual tudo nasce é alguma coisa contínua e plena ou descontínua e vazia ou uma mistura de partes sólidas; onde está deus; se sua obra está espalhada no exterior da matéria ou incluída no conjunto; se o mundo é eterno ou deve ser olhado como coisa efêmera inserida no tempo. Aquele que contempla tudo isso presta que serviço a deus? Oxalá suas obras tão grandiosas não fiquem sem testemunhas!

Costumamos dizer que o bem supremo consiste em viver de acordo com a natureza. A natureza gerou-nos tanto para a contemplação quanto para a ação. Agora podemos provar o que dissemos anteriormente. Por que agora? Isso não ficaria provado de maneira suficiente se cada um buscasse dentro de si próprio o desejo que possui para buscar o desconhecido e a curiosidade diante da narração de uma história?

Alguns navegam e enfrentam os trabalhos de uma peregrinação muito longa apenas pelo prêmio de conhecer algo longínquo e oculto. É isso que reúne a multidão para os espetáculos; é isso que leva a buscar coisas não aparentes, a questionar as secretas, a remexer antiguidades, a ouvir sobre costumes dos povos bárbaros.

A natureza deu-nos um espírito curioso e consciente de sua perícia e beleza; criou-nos para a contemplação desses grandes espetáculos. Tudo isso perderia a sua riqueza de coisas grandiosas, excelsas, tão nitidamente estruturadas, tão brilhantes e formosas, se ficasse visível apenas para a solidão!

Para que saibas que ela quer que tudo isso fosse admirado e não apenas avistado, observa, então, o local onde nos situou, isto é, colocou-nos em meio dela própria e concedeu-nos o poder de observar todos os seres ao nosso redor. Não fez o homem apenas ereto, mas, sobretudo, deu-lhe habilidade para a contemplação. A fim de que, desde o nascer do sol até o ocaso, pudesse observar o curso dos astros e para que seu rosto girasse, deu-lhe uma cabeça erguida, colocando-a sobre ombros flexíveis. Direcionando o curso de seis constelações durante o dia e de seis outras no decorrer da noite, a natureza não oculta nada de si mesma, pondo diante dos olhos humanos tais maravilhas que estimulam a curiosidade para outras.

Mas nem por isso já vimos tudo o que existe, já que a nossa visão descortina o caminho para a investigação e apresenta-nos os fundamentos da verdade de maneira que a averiguação passa do claro para o escuro, pondo a descoberto o que existe de mais antigo no universo, como, por exemplo, procurar a origem dos astros que se mostram como elementos distintos entre si; qual foi a lei que separou elementos ligados entre si e os que se encontram misturados; quem indicou o lugar para cada um deles; se os elementos mais pesados caíram sozinhos e os mais leves alçaram voo, ou, independente do peso dos corpos, uma outra força mais forte determinou a lei de cada um deles; se é verdade, segundo dizem, que o homem é constituído de espírito divino; se partículas e fagulhas de astros caíram sobre a Terra e aí ficaram escondidas em lugar inacessível.

IV

O nosso pensamento invade as barreiras do céu e não se contenta em saber apenas o que está ao nosso alcance. Alguém poderia perguntar, afirmando: "examino o que está localizado além de nosso mundo para saber se é uma grande vastidão ou está circunscrito por alguns limites; qual a forma dos elementos estranhos; são disformes ou confusos ou com igual volume em cada parte; se estão ligados com o nosso mundo ou dele separados; se vagueiam pelo espaço; se é com elementos indivisíveis que se compõe tudo o que surgiu ou surgirá; ou, ainda, se a matéria de tudo isso é espessa e móvel ao mesmo tempo; se os elementos são opostos entre si ou se não estão em conflito já que contribuem para um mesmo fim por caminhos diferentes".

Uma vez que veio ao mundo para descobrir tais problemas, vê como é pequeno o tempo de que o homem dispõe, embora se dedique a isso por inteiro. Ainda que não permita que lhe perturbem nem se descuide, ainda que controle seu tempo com muito cuidado e estenda as suas horas até o fim de sua vida, desde que o destino não retire nada do que recebeu da natureza, o homem é por demais mortal para compreender as coisas imortais.

Assim, vivo segundo a natureza, já que a ela me entreguei totalmente, já que sou seu admirador e servo. Entretanto, a natureza quer que eu faça duas coisas: agir e dedicar-me à reflexão. Tanto uma quanto outra realizo, pois não pode haver contemplação sem alguma forma de ação.

V

"Mas faz diferença", dizes, "dedicar-se ao estudo da natureza apenas levado pelo prazer, não pedindo nada mais que a contemplação, sem visar a qualquer outro objetivo, uma vez que ela, com seus atrativos, já proporciona satisfação?"

A isso, respondo que é importante saber qual o propósito de dedicar-se à vida pública, ou seja, se é apenas para estar sempre ocupado e sem tempo para voltar os olhos das coisas humanas para as divinas.

Da mesma forma que desejas as coisas sem o mínimo apreço pelas virtudes, sem cultivar o espírito, agindo de forma injusta através de atos não dignos de aprovação – já que todos os elementos devem estar ligados –, assim uma virtude distanciada da vida retirada é um bem imperfeito e doente, uma vez que inativa não demonstra nenhuma aprendizagem.

Ninguém pode negar que a virtude deve provar a sua eficiência em obras e não apenas ficar refletindo sobre o que faz; deve, às vezes, entregar-se inteiramente a uma tarefa e pôr-se a fazer algo com empenho e resolutamente pela sua prática. Se o atraso na execução não ocorre por causa do sábio, então não é o agente que está em falta e, sim, aquilo que deve ser feito. Por que razão, então, condená-lo a ficar recluso?

Com que propósito o sábio se retira para o sossego? É para ter certeza de que, também ali, deve praticar atos que serão de utilidade para toda a posteridade. Certamente, sabemos que tanto Zenão como Crisipo realizaram obras mais soberbas do que comandar exércitos, ocupar cargos públicos, promulgar leis. Até as promulgaram, mas não apenas para uma cidade e, sim, para toda a humanidade. Por que, então, não seria conveniente ao homem honesto e digno a vida retirada, graças a qual se organizam os séculos futuros. É através dessa que se divulga uma mensagem não apenas para um pequeno auditório e, sim, para homens de todas as nações, sejam os que ali se encontram, sejam os que hão de vir.

Em síntese, pergunto, se Cleanto, Crisipo e Zenão[4] viveram de acordo com seus ideais. Não duvido que responderás que viveram da mesma forma como ensinaram, porém nenhum deles administrou república alguma. Dirás ainda que não tiveram a fortuna e a dignidade que costumam ter os que são aceitos na gerência dos negócios públicos. Mas nem por isso levaram uma vida negligente e tediosa. Agiram de modo que o seu sossego fosse mais útil aos homens do que as atividades e o suor de muitos outros. Dessa forma, são percebidos

---

4. Zenão, Cleanto e Crisipo eram representantes da filosofia estoica. (N.T.)

como grandes empreendedores, apesar de não terem exercido cargos públicos.

VI

Além disso, há três modos de vida. Cabe questionar qual o melhor: o que se consagra ao prazer, o que se consagra à contemplação ou aquele que se dedica à ação? Primeiramente, abandonando qualquer discussão e o implacável ódio que se declara aos que decidem trilhar caminhos diferentes dos nossos, vejamos se todas essas doutrinas, de diferentes denominações, não estariam levando a um mesmo caminho sob um ou outro aspecto. Mesmo o que preconiza a doutrina do prazer não abandona a contemplação, como o que só se dedica à contemplação também não está afastado do prazer, e o terceiro, embora dedicando a vida às atividades, não está livre da contemplação.

Dirás que existe uma sensível diferença entre alguma coisa ser proposital ou estar direcionada para alguma intenção. Evidentemente, há diferença, porém uma coisa não acontece sem a outra. Nem contemplação sem ação, nem ação sem contemplação, nem o terceiro, que consideramos negativo, demonstra ter um prazer apático, uma vez que captura aquilo que a razão assinala como estável para si. Por esse motivo, também a comitiva do prazer é ativa.

E por que não seria? É ativa porque Epicuro declara, em algum lugar, que se afastaria do prazer e até suportaria

Da vida retirada

a dor se o prazer fosse amenizado pelo arrependimento, ou uma dor menor substituísse outra mais séria. Por que importa dizer tais coisas? Importa deixar claro que a contemplação agrada a todos. Uns a desejam como fim último; nós a temos como um porto de passagem, não como porto de chegada.

Acrescente-se a tudo isso que, segundo a lei de Crisipo, é lícito viver uma vida retirada. Não digo resignar-se a ela, mas escolher voluntariamente esse modo de vida. Dizem que o sábio não deve aproximar-se de qualquer tipo de negócio público. Não importa qual o caminho que ele escolhe para o descanso final. Pode acontecer que os negócios públicos não o escolham; pode acontecer que ele não os escolha; pode, enfim, acontecer que nem existam. O fato é que tais negócios faltarão para os que os buscarem com disposição destrutiva.

Pergunto, então, de qual república o sábio deve aproximar-se? A dos atenienses, na qual Sócrates foi condenado e da qual Aristóteles teve de fugir para que não tivesse o mesmo destino? Daquela na qual a inveja persegue a virtude? Assim dirás que o sábio não deve se aproximar de tal tipo de república? Se ele se acerca da república de Cartago, na qual a revolta é constante e a liberdade hostiliza os melhores, sofrendo a justiça e a honestidade igual aviltamento, enquanto a crueldade contra os inimigos é enorme com reflexos sobre os cidadãos, então dessa também ele fugirá.

Se eu decidisse percorrer uma a uma todas as repúblicas atuais, não acharia nenhuma que estivesse à altura para receber o sábio, ou que o sábio pudesse dela fazer parte. Já que não se pode encontrar a república de nossos sonhos, então nos invade a necessidade de descanso, porque não encontramos nenhum lugar que possa substituir a vida retirada.

Se alguém disser que navegar é ótimo, mas, em seguida, advertir que não se deve fazê-lo por águas onde são frequentes os naufrágios e nas quais as tempestades desorientam os pilotos, concluo que esse indivíduo me aconselha a não enfrentar o mar, por mais que louve a navegação.

Da tranquilidade da alma

I

Examinando a mim mesmo, ó Sêneca, aparecem alguns vícios expostos tão abertamente que poderia segurá-los com a mão, outros mais obscuros e escondidos, outros ainda que não são contínuos, mas que voltam a intervalos intermitentes, os quais afirmo serem os mais incômodos, como inimigos escondidos que atacam nas ocasiões mais oportunas, contra os quais não se pode estar tão preparado como na guerra nem tão seguro como na paz.

De fato, o estado em que me encontro (por que não te confessarei a verdade como a um médico?) é o de não estar, de boa fé, liberto daquelas coisas que eu temia e odiava, nem totalmente submetido a elas. Neste estado, não sendo o pior, é o mais lamentável e incômodo, porque não estou doente nem são.

E não é o caso tu me dizeres que todas as virtudes são tênues nos seus princípios, e que com o tempo adquirem dureza e robustez. Não ignoro também que nas coisas pelas quais se trabalha pelas aparências, digo pela dignidade e pela fama de eloquência e o que quer que venha do sufrágio alheio, com o tempo se consolidam inteiramente. E as coisas que comunicam as verdadeiras forças, tal como para agradar, se revestem de falsas aparências, esperam anos até que paulatinamente a duração lhes dê cor. Mas eu temo que o costume, que consolida as coisas, não fixe este vício mais profundamente em mim. Tanto dos males quanto dos bens, uma longa familiaridade induz ao amor.

Seja qual for esta debilidade da alma, que nem se inclina fortemente ao que é certo nem ao que é depravado, não consigo expor tudo de uma única vez, mas apenas por partes. Eu te direi o que está me acontecendo, e tu encontrarás um nome para essa doença.

Confesso que tenho um grande amor pela parcimônia: agrada-me uma cama que não seja adornada de modo exagerado, sem vestes retiradas da arca e prensadas para recuperar o brilho. Prefiro roupas que sejam caseiras e baratas e que, sem exageros, sejam conservadas e guardadas para o uso.

Agrada-me uma comida que não tenha sido preparada nem observada por muitos escravos domésticos, com muitos preparativos, nem muitos dias antes, mas que seja comum e de fácil preparo, que não tenha nada de rebuscado nem de exótico, que seja encontrada em qualquer lugar, que não seja pesada nem ao bolso nem ao corpo, que não saia por onde entrou.[5]

Agrada-me o criado inculto e o escravo rude, a pesada prata do meu rústico pai, sem o nome do artífice, e uma mesa não tão vistosa pela variedade de cores, nem famosa na cidade pelas suas sucessões de donos elegantes, mas, que posta em uso, não desperte a volúpia de nenhum dos convidados nem lhes acenda a inveja.

Embora tais coisas me agradem, alegra-me a alma o aparato de algum pedagogo[6], o qual, vestido com muito

---

5. Referência ao hábito da bulimia entre os romanos. (N.T.)
6. O texto latino diz *apparatus alicuis paedagogii*. *Paedagogium* era o nome usado para a escola frequentada por escravos mais especializados. (N.T.)

cuidado e com mais ouro do que se fosse para um desfile, é cortejado por outros também elegantes. Já a casa em que pisam é preciosa, as riquezas estão disseminadas por todos os cantos, os tetos são refulgentes, e sempre há um povo que assiste aos jantares e ao desperdício dos patrimônios. O que direi dessas águas, reluzentes até o fundo e que circundam aos próprios convidados e dos banquetes dignos desse cenário?

Vindo eu de um longo período de frugalidade, me circundou com tamanho esplendor o luxo que resplandece ao redor. Minha vista titubeia um pouco, mais facilmente reajo com a alma do que com os olhos. Eu me retiro não pior, mas mais triste entre os meus parcos bens. Não estou satisfeito, e me ocorre a dúvida de que outras coisas seriam melhores. Nenhuma dessas coisas me muda, mas todas me deixam abalado.

Resolvi seguir os comandos dos preceptores e me envolver nos assuntos públicos. Aí me entusiasmam as honras e os *fasces*[7], não por andar vestido de púrpura e cercado de varas, mas para ser mais útil aos amigos, aos familiares, a todos os cidadãos e, de modo geral, a todos os mortais. De modo mais concreto, sigo a Zenão, a Cleanto e a Crisipo. Nenhum deles se envolveu com a política, mas nunca deixaram de enviar para lá seus discípulos.

Quando algo insólito me atinge, eu que não estou acostumado a tais impactos; quando acontece algo

---

7. *Fasces* eram varas com as quais os oficiais (litores) acompanhavam o cônsul. Era símbolo de quem podia punir. (N.T.)

indigno, tal como, rotineiramente, acontece na vida, ou alguma coisa de difícil resolução; quando fatos pequenos e sem importância tomam muito tempo, volto-me para o meu retiro. Da mesma maneira como acontece com o rebanho fatigado, que rapidamente retorna para o curral, volto para casa cada vez mais apressado. Não há nada de mais relaxante do que ficar entre as paredes de nosso lar. Que ninguém me furte um único dia, já que nunca poderia me compensar tão grande perda. Neste local, a alma fica dedicada a si mesma, pode ser cultivada, nada nem nenhum juízo alheio pode afetá-la. Livre dos cuidados particulares e públicos, dedica-se à tranquilidade.

    Desde que uma leitura excitante elevou a minha alma, e nobres exemplos a estimularam, compraz-me ir ao foro, dar a palavra a uns, trabalho a outros e, mesmo que não sirvam para nada, visam a uma utilidade. Dessa forma, refreio, no foro, a soberba daqueles que, em virtude de sua prosperidade, se tornam insolentes.

    Baseado em meus estudos, acredito ser melhor contemplar as próprias coisas e falar movido por elas, emitindo palavras adequadas aos fatos, de modo que, para onde quer que levem, o discurso siga esta espontaneidade. Por que, então, compor obras que durem séculos? Queres fazer isso para que os pósteros não te esqueçam? Nasceste para morrer: causa menos incômodo um funeral silencioso.

    Às vezes, a minha alma se eleva com a magnitude do pensamento, torna-se ávida por palavras e aspira às alturas. Assim, o discurso já não é mais meu. Esquecido das normas e dos critérios rigorosos, elevo-me e falo com uma boca que não é mais minha.

Não me detendo em detalhes, atento para o fato de que, em minhas preocupações, sou acompanhado por certa timidez cheia de boas intenções. Temo me inclinar paulatinamente para elas ou, o que é mais preocupante, ficar sempre pendente e que talvez isso seja mais forte do que eu havia previsto. Isso porque as coisas costumeiras nos parecem familiares e sempre são julgadas de modo benevolente.

Penso que muitos poderiam ter chegado à sabedoria se não pensassem já serem sábios, se não tivessem dissimulado para si mesmos algumas coisas e se não tivessem passado por outras tantas com os olhos fechados. Não há razão para pensares que a adulação alheia nos é mais perigosa que a nossa própria. Quem ousa dizer a verdade para si mesmo? Quem, posto entre a multidão daqueles que elogiam e lisonjeiam, não elogia a si mesmo ainda mais?

Rogo, pois, se tens algum remédio com o qual possas refrear essa flutuação, para que me consideres digno de dever a ti a minha tranquilidade.

Sei que esses movimentos da alma não são perigosos nem trazem qualquer inquietação mais tumultuosa. Lançando mão de uma imagem que expresse o que sinto, digo que não me cansa a tempestade, mas, sim, a náusea. Portanto, afasta o que quer que seja este mal e socorre ao náufrago que já avista a terra.

II

Desde há muito, Sereno, eu questiono, em silêncio, a que se poderia comparar semelhante estado de espírito e não encontro exemplo mais adequado que o daqueles que, tendo saído de uma longa e grave enfermidade, ainda sentem pequenos incômodos. Embora já estejam livres das sequelas, já estejam curados, ainda se inquietam com suspeitas e fazem com que os médicos lhes tomem o pulso, interpretando como doença todo pequeno mal-estar.

O corpo deles, ó Sereno, está curado, embora não esteja acostumado à saúde, assim como o mar, já tranquilo, sempre tem certa agitação, mesmo depois que passou a tormenta. Não é preciso aqueles recursos drásticos aos quais já se recorreu anteriormente, como resistir a si mesmo, censurar-se e atormentar-se. Neste momento, é necessário que tenhas confiança em ti mesmo e creias que vais pelo caminho reto, sem se deixar chamar para veredas transversais como de muitos que vão de um lado para outro, enquanto alguns se extraviam bem próximos do caminho.

O que tu queres, pois, é grande, de máxima importância e próximo de um deus: não ser abalado. Os gregos chamam a este estado estável da alma de *eutymia*, sobre tal tema existe uma excelente obra de Demócrito. Eu o chamo de tranquilidade. Assim, não é preciso imitar ou traduzir as palavras pela sua forma; a própria coisa deve ser designada por algum nome, que deve ter a força da nomenclatura grega e não a aparência.

Portanto, investiguemos de que modo a alma deverá prosseguir sempre de modo igual e no mesmo ritmo. Ou seja, estar em paz consigo mesmo, e que essa alegria não se interrompa, mas permaneça em estado plácido, sem elevar-se, sem abater-se. A isso eu chamo tranquilidade. Investiguemos como alcançá-la. Isso feito, tu tomarás desse remédio universal a teu gosto.

Examinando tal mal-estar, cada um reconhece qual a parte dele é sua. Ao mesmo tempo, compreenderás quão pequeno é teu problema pessoal em relação ao de outros, presos a uma profissão brilhante ou a um título importante. Em tal situação, mais por vergonha do que por decisão própria, impera a simulação.

Todos eles estão na mesma situação, tanto os que estão envergonhados por sua própria leviandade – pelo tédio e pela contínua mudança de propósitos, aos quais agrada sempre mais o que foi abandonado – quanto aqueles que relaxam e passam a vida bocejando. Acrescente a estes os que, não de modo diferente daqueles aos quais o sono é difícil, se reviram de um lado e de outro até que venha o quieto descanso. Tratando sempre de reformar o estado de sua vida, permanecem por último naquele que os surpreendeu no ódio às mudanças, pois a velhice é preguiçosa para a novidade. Acrescente também aqueles pouco dados a mudanças, não por obstinados, mas por inércia, já que vivem como não gostariam, mas como sempre o fizeram.

São inumeráveis as propriedades do vício, mas o seu efeito é um só: o aborrecer-se consigo mesmo. Isto nasce do desequilíbrio da alma e dos desejos tímidos ou pouco prósperos, visto que não ousam tanto quanto desejam ou não o conseguem. Dessa forma, realizam-se apenas na esperança. Sempre são instáveis e volúveis. Por todas as vias tentam realizar seus desejos. Eles se instruem e se conduzem para coisas desonestas e difíceis e, quando o seu trabalho é frustrado, atormentam-se não por terem desejado o mal, mas por tê-lo desejado em vão.

Então eles se arrependem de terem começado e temem recomeçar. Daí advém uma agitação que não encontra saída, porque não podem nem dominar nem se submeter aos seus desejos. Em consequência, reflete-se a indecisão de uma vida que pouco se expande e o torpor de uma alma em meio aos seus desejos fracassados.

Todos os males se agravam quando, longe dessa incômoda angústia, obtém-se a paz na tranquilidade ou nos estudos solitários, os quais não pode suportar uma alma dedicada às coisas cívicas, desejosa de ação e, por natureza, inquieta. Ou seja, não encontra consolo em si mesma. Por isso, privado dos deleites que as mesmas ocupações proporcionam aos que as perseguem, não suporta a casa, a solidão e as paredes. Desgostoso, vê-se como um ser abandonado.

Daí o tédio e o desgosto para consigo mesmo. Tal o desassossego que em lugar nenhum encontra descanso, projetando uma aflitiva intolerância da própria inércia, cujos motivos não ousa confessar. Assim, seus desejos, fechados em sua estreiteza, sem possibilidade de evadir--se, acabam por sufocar a si mesmos.

Da tranquilidade da alma

Por esse motivo, advêm tristeza, fraqueza e milhares de flutuações de uma mente tomada pela indecisão. Ela mantém em suspenso as esperanças suscitadas e se frustra na desolação.

Consequentemente, aquela disposição de detestar o seu próprio repouso e de se queixar por não ter nada para fazer, e também de invejar fortemente o sucesso do próximo. A inércia não desejada alimenta a inveja, ambiciona a ruína de todos, porque não conseguiu atingir o seu próprio êxito.

Dessa aversão pelo sucesso alheio e do desespero em virtude de seus fracassos, a alma exaspera-se contra a sorte e queixa-se do tempo, esconde-se e afunda na autocomiseração, porque entediada e com vergonha de si própria. Por natureza, a alma humana é ágil e pronta ao movimento, grata a tudo aquilo que lhe excite e lhe distraia, e mais gratos ainda são aqueles nascidos com os piores instintos, os quais sentem prazer com a confusão em suas obrigações.

Assim como certas feridas instigam as mãos para que as machuquem e, do mesmo modo, se deleita o corpo tomado pela sarna com o ato de coçar, assim também digo que, para essas mentes, não é diferente. Nelas irrompem desejos como feridas cujo tormento equivale à sensação de prazer.

Existem, pois, algumas coisas que, também com dor, deleitam o nosso corpo, como esticar-se e mudar de lado na cama, sentindo alívio com a mudança de posição. A mesma situação ocorria com Aquiles[8], ora de bruços, ora de costas, mudando muitas vezes a sua posição, como é próprio do doente, não suportando nada por muito tempo e fazendo das mudanças lenitivo para suas dores.

Daí o empreender vagas peregrinações e o percorrer praias e mares desconhecidos, tanto na terra como no mar, sempre em busca de emoções, experimentando o que não tem no fastio da situação presente. Então diz: "Agora, vamos à Campanha". Já enfastiado das coisas delicadas, clama: "Que se vejam as coisas selvagens, recorramos às florestas de Brúcio e da Lacônia".

De fato, nos lugares desertos desfruta-se algo ameno, onde os olhos lascivos aliviam-se na feiura das regiões inóspitas. "Vamos a Tarento e a seu famoso porto e seus invernos de céu límpido e à região bastante opulenta para seu antigo povo." Ou então: "Retornemos para Roma, pois nossos ouvidos já descansaram demais dos aplausos e da algazarra dos circos. Sentimos falta até de ver correr sangue humano."

Uma coisa sucede a outra, e os espetáculos se transformam em outros espetáculos. Como disse Lucrécio: "Desse modo, cada um foge de si mesmo". Mas em que isso é proveitoso, se, de fato, não se foge? Seguimos a nós mesmos e não conseguimos jamais nos desembaraçar de nossa própria companhia!

---
8. Homero, *Ilíada* (XXIV). Aquiles não se conformava com a perda de Pátroclo. (N.T.)

Assim, devemos saber que o mal contra o qual trabalhamos não vem dos lugares, mas de nós mesmos; somos fracos para tolerar qualquer incômodo, não suportamos trabalhos, prazeres, desconfortos por muito tempo. Isso levou muitos à morte, porque, frequentemente mudando seus propósitos, voltavam sempre para o mesmo ponto de partida, não deixando espaço para as novidades. Assim, a vida começou a lhes entediar e também o próprio mundo, até que, sem perspectiva, ouça aquele clamor: "Até quando sempre as mesmas coisas?!"

III

Tu me perguntas o que penso que deves fazer contra este tédio. De acordo com Atenodoro, o melhor seria te ocupares intensamente, fazendo parte dos interesses da república, ocupando cargos públicos, participando de compromissos sociais. Desse modo, assim como existem pessoas que passam o dia no sol para o exercício do corpo, o que, de fato, é muito útil aos atletas, que consagram a maior parte do tempo para nutrir e fortalecer seus músculos e sua força, a única coisa à qual se dedicam, do mesmo modo para nós, que preparamos a alma para as guerras civis, é muito mais interessante nos atermos longamente ao nosso trabalho.

Quem quer que tenha o firme propósito de se tornar útil aos cidadãos e, em geral, a todos os mortais, ao mesmo tempo quem trabalha e produz, deve administrar, de acordo com suas condições, tanto as coisas comuns quanto as particulares.

"Mas", tu dizes, "já que é tão insana a ambição dos homens e são tantos os caluniadores que distorcem as coisas retas no mais torpe sentido, que a simplicidade está pouco segura, e, visto que no futuro serão mais numerosos os obstáculos que os auxílios, convém se retirar do foro e do serviço público.

Também existe lugar na vida privada para que uma alma grande possa se desenvolver amplamente, do mesmo modo que a fúria do leão e de outros animais não diminui em suas jaulas, assim também ocorre com os homens, cujas maiores ações são as que realiza no recolhimento."

Assim, pois, ao se recolher, onde quer que o seu repouso seja acolhido, o indivíduo irá querer ser útil a todos e a cada um em particular com seu talento, sua voz e seu conselho.

Pois não apenas é proveitoso aos assuntos públicos quem promove candidatos, defende os réus e delibera sobre paz e guerra, mas também quem exorta a juventude; quem, com a falta de bons preceptores, infunde virtude às almas; quem prende ou retrai os que correm em direção do dinheiro e da luxúria e, se nada mais consegue, certamente os retarda e age, de modo particular, para o bem privado e público.

Por acaso serve melhor ao bem público o pretor que emite sentenças entre estrangeiros e cidadãos ou, se é pretor urbano, ao repassar as sentenças de seu assessor, estaria realizando tarefa mais importante que o filósofo que ensina o que vêm a ser justiça e dever, o que é piedade, paciência, fortaleza, desprezo pela morte, entendimento acerca dos deuses e, finalmente, como é seguro e gratificante estar com a consciência tranquila?

Portanto, se empregas em estudos o tempo que subtraíste dos deveres, não significa que faltaste com as tuas obrigações. Não é soldado apenas aquele que está no fronte de combate e defende ambos os lados, esquerdo e direito, mas também aquele que defende as portas e permanece em lugar de menor perigo, assim como não é em vão servir como vigia e guardar o armamento. Tais ocupações, embora não sejam sangrentas, também fazem parte dos serviços militares.

Se te recolhes aos estudos, fugirás de todo o fastio da vida. Não será porque te aborrece o dia que escolherás a noite, nem a presença de pessoas te será excessivamente pesada. Atrairás a amizade de muitos homens e também os melhores acorrerão a ti. Isso porque a virtude, ainda que esteja obscura, nunca se esconde, mas emite os seus sinais. Quem quer que seja digno dela captará os seus vestígios.

Assim, pois, se prescindirmos de toda comunicação, renunciarmos ao gênero humano e vivermos voltados unicamente para nós mesmos, resultará uma solidão vazia de ação. E, sem nada para fazer, começaremos a construir alguns edifícios, a derrubar outros, a remover o mar, a conduzir as águas contra as dificuldades dos terrenos, a gastar mal o tempo que a natureza nos concedeu para consumir proveitosamente. Alguns o utilizam com parcimônia, outros prodigamente. Uns gastam fazendo cálculos escrupulosos. Outros nada poupam, coisa muito estúpida. Frequentemente, alguém muito velho não tem outro argumento para provar que viveu muito a não ser a sua idade.

IV

Parece-me, caríssimo Sereno, que Atenedoro se rendeu cedo demais às circunstâncias do tempo, retirou-se muito cedo. Nem eu negaria que de vez em quando se deve ceder, mas gradualmente, salvaguardando as insígnias e a dignidade militar. Com certeza, fica mais seguro e respeitado pelos inimigos quem se rende com as armas na mão.

Isso eu penso ser conveniente para a virtude e para quem a cultiva; ou seja, se o destino prevalece e impede a faculdade de agir, não fuja logo dando as costas desarmadas, buscando onde se esconder, como se existisse algum lugar onde se possa escapar do destino. Deve-se agir com mais cautela com relação aos deveres públicos. Com cuidado deve-se buscar algo que seja útil para o Estado.

Não podes ser militar? Busca a função pública. Estás relegado à vida privada? Procura patrocinar causas. Foste condenado ao silêncio? Então ajuda aos cidadãos de modo calado. É perigoso o ingresso no fórum? Nas casas, nos espetáculos, nos banquetes, age como um

Da tranquilidade da alma

amigo fiel, um companheiro de temperamento afável. Perdeste teus deveres de cidadão? Cumpre os de homem.

Por isso, nós, com grande ânimo, não nos enclausuramos nas muralhas de uma única cidade, mas temos comunicação com a Terra inteira e proclamamos que a nossa pátria é o mundo, para dar à virtude um mais largo campo de ação. O tribunal se fechou para ti e foste proibido de falar na tribuna ou nos comícios? Olha ao teu redor e verás quão vasta região está aberta e quanta gente há. Assim, nunca uma grande parte se fechará para ti sem que reste uma maior ainda.

Mas veja que todo esse mal pode não ser teu. Talvez o que não queiras seja servir à república como cônsul, prítane[9], *ceryx*[10] ou sufete.[11] Por que não? Para seres militar, por acaso, não queres outro cargo a não ser o de general ou tribuno? Mesmo que outros estejam antes de ti no combate e a que sorte te mantenha na retaguarda, luta de lá com a voz, com a exortação, com exemplo e com ânimo.

Ainda que com as mãos cortadas, permanece em pé no combate e contribui com os teus companheiros, persistindo firme em teu posto e ajudando com teu clamor.

Espero que te comportes da mesma maneira. Se o destino te afasta dos cargos de poder da república, ainda assim permanece firme e ajuda com teus brados

---

9. Prítane: magistrado supremo em algumas cidades gregas. (N.T.)
10. *Ceryx*: não se tem muita informação a respeito deste termo, mas era, provavelmente, cargo público de realce. (N.T.)
11. Sufete: cônsul entre os cartagineses, era cargo público de realce na administração do Império Romano. (N.T.)

inflamados. Se alguém te aperta a garganta, permanece firme e ajuda com o teu silêncio. Nunca é inútil o trabalho de um bom cidadão. Ele sempre coopera seja pelo que ouve ou pelo que vê, seja pela fisionomia ou pelos gestos, seja pela tácita obstinação ou até pelo modo como caminha.

Tal como certos medicamentos que, embora não sejam ingeridos ou tocados, agem pelo odor, assim também é a virtude, que difunde a sua utilidade à distância e de modo oculto. Ela ou se espalha livremente e usa do seu direito, ou tem precários meios de se expandir e é coagida a recolher suas velas, ou parada e muda se mantém estreitamente cercada ou ainda publicamente aberta, é de todo modo proveitosa. Por que tu pensas que é de pouca utilidade o exemplo daquele que, em recolhimento, vive bem?

Assim, o melhor é misturar o repouso com a ação, sempre que a vida ativa não trouxer impedimentos ocasionais ou por circunstâncias políticas. Em todo caso, nunca se fecham completamente todos os espaços de modo que não haja lugar a algum gesto de virtude.

V

Poderias, por acaso, encontrar uma cidade mais miserável do que Atenas quando despedaçada por trinta tiranos?[12] Eles haviam assassinado 1,3 mil cidadãos,

---

12. Depois da derrota para Esparta, em cerca de 404 a.C., Atenas ficou sob o controle dos trinta tiranos. (N.T.)

Da tranquilidade da alma

dentre os melhores da cidade, e nem assim davam fim à sua própria crueldade, que, pelo contrário, se tornava mais terrível. Naquela cidade, havia o Areópago, o mais sagrado dos tribunais, onde se reunia o Senado do povo, semelhante ao nosso Senado. Ali, todos os dias, encontravam-se os verdugos e ainda a infeliz cúria que se tornara apertada para os trinta tiranos!

Poderia, assim, ter descanso uma cidade como aquela, onde havia tantos satélites[13] quanto tiranos? Não se podia oferecer aos corações nenhuma esperança de recobrar a liberdade, nem em lugar nenhum aparecia remédio contra tão grande força dos males. Onde, pois, esta triste cidade encontraria outros tantos Harmódios?[14]

Sócrates encontrava-se entre eles. Consolava os senadores que choravam e exortava os que estavam desesperados com relação ao futuro da república. Além disso, reprovava os ricos, que temiam pelas suas riquezas e, muito tarde, se arrependeram de sua avareza. E, a quem quisesse, oferecia o exemplo de um homem que caminhava livre com trinta dominadores ao redor.

Ainda assim, essa mesma Atenas levou a morte, no cárcere, àquele que havia insultado todo o bando dos tiranos. A liberdade não tolerou que fosse livre. Isso é para que saibas que, mesmo numa república oprimida, existe ocasião para que um homem sábio se manifeste e, mesmo numa república florescente e feliz, muitas vezes reinam petulância, inveja e outros milhares de vícios inertes.

---
13. *Satélites* eram os guarda-costas dos tiranos. (N.T.)
14. Harmódio assassinou o cruel Hiparco. (N.T.)

Portanto, conforme a república se apresente e a sorte nos permita, assim vamos ou nos expandir ou nos retrair, mas, de todo modo, sempre haveremos de nos mover sem nos deixar entorpecer pelas amarras do medo.

Além do mais, um homem de valor sempre está rodeado de perigos iminentes e, mesmo morrendo entre as armas e as algemas, não macula a sua virtude nem a esconde, porque foi guardada e não enterrada.

Se não me engano, Cúrio Dentato dizia que preferia estar morto a viver como morto. O último dos males é sair do número dos vivos antes de morrer. Mas, se te coube viver num tempo menos propício da república, deves te dedicar mais ao repouso e às letras, tal como, numa navegação perigosa, encontras abrigo num porto. Não esperes então que os negócios te deixem, mas tu mesmo deves te desprender deles.

VI

Primeiro, devemos examinar a nós mesmos; em seguida, os negócios que vamos empreender; por fim, aqueles pelos quais e com os quais iremos trabalhar.

Antes de tudo, é necessário estimar a própria capacidade, pois, muitas vezes, parece que podemos suportar mais do que realmente podemos. Assim, um fracassa por sua confiança na eloquência; outro, porque exigiu do seu patrimônio mais do que podia; um terceiro, de saúde debilitada, ficou sobrecarregado pelo trabalho penoso.

A uns, a timidez é pouco adequada para os cargos públicos, que requerem a cabeça erguida; a outros, a inflexibilidade não os torna aptos para a vida social; outros, ainda, não têm controle sobre a sua ira, e qualquer indignação os faz lançar palavras agressivas; há aqueles também que não sabem se conter com civilidade nem se abster de gracejos perigosos.

Para todos estes, é mais útil o recolhimento que os negócios públicos. Uma natureza feroz e impaciente deve evitar as irritações nocivas à liberdade.

Deves considerar, pois, se a tua natureza te torna mais apto para as ações ou para o estudo ocioso e contemplativo, e deves te inclinar ao que com força te atrai: Isócrates[15] retirou Éforo[16] do foro com mão firme quando percebeu que ele era mais útil na composição de registros de história. Talentos forçados respondem mal; se a natureza é relutante, o trabalho é infrutífero.

Depois, devemos examinar as obras que empreendemos e comparar as nossas forças com as coisas que vamos tentar fazer, pois sempre deve ser maior a força daquele que trabalha do que a da obra a ser realizada, visto que, obrigatoriamente, se as cargas forem maiores que o carregador, elas irão oprimi-lo com seu peso.

Além do mais, existem outras atividades que não são tão grandes nem fecundas, trazendo muitos outros

---

15. Isócrates, orador grego que viveu do século V ao século IV a.C. (N.T.)

16. Éforo, historiador grego contemporâneo de Isócrates. Sua obra se perdeu. (N.T.)

afazeres. Devemos fugir delas, pois, uma vez que nos aproximamos, não existe uma saída fácil. Apenas se deve pôr a mão naquelas coisas que se sabe que têm fim, ou que se pode fazer, ou ainda as que certamente se pode esperar concluir. Deixemos de lado todas as atividades que vão além da medida e não terminam onde deveriam.

VII

Deve-se ter uma cuidadosa escolha dos homens, para sabermos quais são dignos de que lhes consagremos uma parte da nossa vida ou se é proveitoso que com eles percamos tempo, pois alguns nos imputam como dever aquilo que voluntariamente lhes concedemos.

Atenodoro dizia que nem sequer iria jantar com alguém que pensasse que não lhe devia nada por isso. Penso que compreendes que muito menos iria à casa daqueles que igualam os jantares aos deveres dos amigos, os que contam os pratos pelas dádivas, como se a falta de moderação fosse uma honra aos outros.

Aliás, tire-lhes as testemunhas e os espectadores que não se deleitaram com um banquete secreto.

Nada, pois, é mais proveitoso a uma alma do que uma amizade fiel e doce. Quão bom é encontrar corações preparados para guardar todo segredo. Tu temes menos a consciência deles que a tua própria. A conversa deles alivia a solidão. As sentenças deles se tornam conselhos. O seu gracejo dissipa a tristeza, a própria presença deleita!

Tanto quanto for possível, devemos escolhê-los dentre os isentos de paixões desregradas, porque os vícios entram sutilmente e passam para quem está próximo e prejudicam pelo contato.

Assim, como em uma epidemia, deve-se cuidar de não nos aproximarmos de corpos já infectados e ardendo na doença, porque atraímos os perigos com a própria respiração.

Assim, na escolha dos amigos, devemos ter trabalho de escolher os menos maculados. O início da doença resulta da mistura dos doentes com os sãos.

Nem por isso te aconselharei que não sigas ou não atraias ninguém exceto o sábio. Onde, pois, encontrar este que há tantos séculos se busca? O melhor é mesmo o menos mau.

Apenas terias a faculdade de eleição mais feliz se encontrasses bons amigos entre Platões e Xenofontes e em toda a ala de discípulos de Sócrates, ou se tivesses poder de voltar à época de Catão, que produziu muitos homens dignos da era dele. Não obstante, gerou também os piores criminosos de todos os tempos. Tanto uns quanto outros foram necessários para que se pudesse valorizar a figura de Catão. Os bons para aprovarem seus méritos, e os maus para testarem o seu valor. Agora, porém, com tanta falta dos homens bons, a eleição se faz menos cansativa e exigente.

Deve-se evitar, no entanto, os tristes e aqueles que deploram todas as coisas, para os quais tudo é motivo de brigas, mesmo que eles demonstrem fidelidade e benevolência, pois é inimigo da tranquilidade o companheiro inquieto e que geme por tudo.

VIII

Passemos, agora, ao patrimônio, que é a maior fonte dos sofrimentos humanos.

Se comparares todas as outras coisas que nos angustiam – como mortes, doenças, medos, desejos, intolerância de dores e de trabalhos – com os danos que nos traz a riqueza, a parte desta certamente pesará muito mais.

Assim, deve-se considerar quão mais leve é a dor de não tê-la do que de perdê-la, e compreendemos com isso que a pobreza é matéria de tormentos menores porque oferece menores danos. Erras, pois, se pensas que os ricos sofrem com mais ânimo as perdas. Nos maiores e nos menores corpos a dor das feridas é igual.

Bion[17] elegantemente disse que não causa menos moléstia a um calvo que a um cabeludo que lhe arranquem algum cabelo. O mesmo se aplica tanto ao pobre quanto ao rico. Para eles, o tormento é igual, pois tanto a um quanto a outro o dinheiro adere de tal modo que não pode ser tirado sem dor.

Porém, como já disse, é mais tolerável e fácil não adquirir do que perder, e por isso verás mais alegres aqueles a quem a sorte nunca olhou do que aqueles a quem a sorte abandonou.

Diógenes[18], homem de alma brilhante, percebeu isso e agiu de modo que nada lhe pudesse ser tirado. Tu chamas a isso de pobreza, escassez, necessidade. Podes dar a essa segurança o pior dos nomes. Pensarei que esse

---

17. Bion, poeta e filósofo cínico grego do século III a.C. (N.T.)
18. Filósofo grego da corrente do Cinismo. (N.T.)

homem não é feliz se encontrar algum outro que não possa perder nada. Ou eu me engano, ou ser rei é viver entre avarentos, espiões, ladrões e plagiadores, sendo ele o único a abrigo de prejuízo.

Se alguém duvida da felicidade de Diógenes, pode o mesmo duvidar do estado dos deuses imortais, se de fato vivem de modo feliz, porque não têm prédios, nem hortas, nem campos preciosos cultivados por outro colono, nem grande renda no foro. Não te envergonhas por te fascinares com as riquezas? Olha então para o mundo e verás os deuses desnudos, aqueles que tudo dão e nada têm. Disso, tu pensas que o pobre é semelhante aos deuses, pois se despoja de todos os bens fortuitos?

Proclamas mais feliz Demétrio Pompeano[19], que não se envergonhou de ser mais rico que o próprio Pompeu? Quotidianamente lhe era dada a lista de seus escravos como se ele fosse general de um exército, a ele que, pouco tempo antes, era riqueza ter dois substitutos de escravos[20] e uma cela um pouco mais larga.

Por sua vez, o único servo de Diógenes fugiu, e, quando este o descobriu, considerou que não valia a pena reconduzi-lo. Então exclamou: "Seria vergonhoso que Manes não pudesse viver sem Diógenes e que Diógenes não pudesse viver sem Manes".

Para mim é como se tivesse dito: "O destino cuida de seus próprios assuntos! Nada tens de ti com Diógenes. Meu servo fugiu. Quem está livre sou eu."

---

19. Demétrio era famoso por sua riqueza. (N.T.)
20. Escravo-substituto, no original *vicarii*. (N.T.)

A família[21] pede o que vestir e comer; assim, devo satisfazer o apetite de tantos animais vorazes, comprar roupas, cuidar dos mais rapaces e utilizar os serviços daqueles que estão sempre chorando e maldizendo.

Mais feliz é quem não deve nada a ninguém a não ser a si mesmo, a quem é fácil negar. Como não temos tanta força, certamente devemos estreitar o patrimônio para que estejamos menos expostos às injurias da sorte. Na guerra, são mais hábeis os corpos que podem se contrair e se proteger com os escudos que aqueles cujo grande tamanho os deixa expostos às feridas.

Com relação ao dinheiro, o melhor critério consiste em não cair na pobreza nem dela afastar-se totalmente.

IX

Esta medida de contenção só nos agradará se antes tomar-se gosto pela parcimônia, sem a qual nenhuma riqueza é o bastante, já que a modéstia também pode levar ao desperdício. Como se trata de recurso que está ao alcance de nossas mãos, se assumirmos a parcimônia, a própria pobreza poderá converter-se em riqueza.

Convém nos afastar da pompa e medir a utilidade das coisas, e não a sua beleza exterior.

A comida deve aplacar a fome, a bebida, a sede, sendo, portanto, o prazer reduzido ao apenas necessário.

---

21. A família romana consistia não apenas dos parentes, mas também dos escravos domésticos. (N.T.)

Aprendamos a nos apoiar em nossos próprios membros; moderemos o nosso comer e o nosso vestir não a modismos, mas ao que nos ensinaram os antepassados. Aprendamos a cultivar o comedimento, a refrear a luxúria, a moderar a ânsia de glória, a suavizar a ira, a olhar com simpatia a pobreza, a cultivar a frugalidade; embora essas coisas envergonhem a muitos, empregando remédios mais simples para os desejos naturais. Aprendamos a eliminar os desejos licenciosos e a tensão em relação ao futuro. Devemos agir de modo que se possa pedir as riquezas a nós mesmos e não ao destino.

Nunca pode tanta variedade e iniquidade de casos ser assim repelida, do mesmo modo que não se pode livrar das tormentas a frota lançada ao mar.

Convém diminuir nossas atividades para que os arroubos do destino caiam no vazio. Por isso, às vezes os exílios e as calamidades se tornam um remédio, e leves incômodos curam os de maior proporção.

Quando a alma pouco ouve os preceitos, não pode mais se curar de modo suave, não seria então para o seu bem que lhe fossem prescritas a pobreza, a infâmia e a ruína, já que um mal se opõe a outro mal?

Portanto, devemos nos acostumar a jantar sozinhos, a servir-nos de poucos escravos, a usar as roupas de modo adequado e a morar em casas menores. Não apenas nas corridas e nas lutas do circo, sobretudo na vida, precisamos não ir além dos limites que nos são impostos.

Até mesmo os gastos com os estudos, embora sejam os melhores gastos, só serão razoáveis se tiverem moderação. Para que inúmeros livros e bibliotecas dos quais o dono, durante uma vida inteira, lê apenas os índices? Uma infinidade de livros sobrecarrega, mas não instrui. Melhor ater-se a poucos autores do que errar por muitos.

Quarenta mil livros arderam em Alexandria.[22] Belíssimo monumento de régia opulência elogiou outro, assim também como Lívio[23], que disse ter sido uma obra máxima da elegância e do cuidado dos reis.

Não foi, porém, do meu ponto de vista, nem elegância nem cuidado, mas estudada luxúria, ou melhor, não foi estudada, pois não para os estudos, apenas para o espetáculo essas obras foram reunidas. Tal como acontece com muitos que, embora desconheçam as primeiras letras, fazem dos livros não instrumentos de estudos, mas apenas ornamentos das salas de jantar. Assim, juntem-se apenas os livros que sejam suficientes, nenhum por ostentação.

Dirias: "É mais honesto gastar o dinheiro com livros do que com vasos de Corinto e com quadros". Cabe-me responder que sempre é vicioso o que está em excesso.

Qual o motivo de tua complacência com quem coleciona armários de cipreste e de marfim e busca livros de autores desconhecidos ou não recomendados para bocejar entre tantos milhares de livros, uma vez que se compraz apenas com as capas e os títulos?

---

22. Segundo se sabe, o incêndio na biblioteca de Alexandria se deu em 49 a.C. (N.T.)

23. Tito Lívio, historiador romano. (N.T.)

Verás, pois, na casa dos homens mais ilustres, qualquer livro que tenha sido escrito sobre oratória e história, tendo as estantes abarrotadas até o teto. Hoje, como as piscinas nas termas, a biblioteca também é um ornamento obrigatório em qualquer casa de prestígio. Eu perdoaria tal mania se o erro fosse por um exagerado desejo dos estudos. Agora, estas conquistadas obras dos gênios consagrados, instaladas em torno das estátuas de seus autores, são compradas apenas para adorno das paredes.

X

Porém te encontras numa situação de vida difícil. A adversidade pública ou privada te prendeu com um laço que não podes nem desatar, nem romper.

Considera que os prisioneiros apenas no princípio se afligem com as algemas e os grilhões que impedem seus passos. Porém, quando resolvem não mais se irritarem e se propõem a suportá-los, a necessidade lhes ensina a levá-los com fortaleza, e o costume, com facilidade. De fato, em qualquer gênero de vida, encontrarás distrações, compensações e deleites, desde que queiras avaliar como leves os teus males, em lugar de fazê-los insuportáveis.

Sabendo das desgraças para as quais nascemos, a natureza fez do hábito um alívio para a calamidade, tornando logo costumeiras as mais graves. Ninguém resistiria se a força das coisas adversas fosse a mesma na continuidade como o é no primeiro golpe.

Estamos algemados ao destino. Para alguns, as algemas são douradas e frouxas; para outros, são apertadas e sórdidas. Que diferença faz? A mesma prisão cerca a todos, tanto os que estão presos quanto os que aprisionam, a não ser que talvez penses que é mais leve a algema no braço esquerdo.[24] A uns prendem as honras, a outros, a opulência. A alguns a notoriedade oprime, a outros, a obscuridade. Alguns inclinam suas cabeças sob o domínio alheio, outros sob o seu próprio. Alguns têm como único lugar o exílio, outros, o sacerdócio. Enfim, toda vida é servidão.

Cada qual, portanto, deve conformar-se à sua condição e, queixando-se dela o mínimo possível, apreender tudo o que ela tem de favorável. Não existe nada de tão amargo que não encontre consolo numa alma equilibrada.

Frequentemente, áreas exíguas se tornam aptas para muitos usos devido à arte do arquiteto e uma boa disposição torna habitável mesmo um lugar estreito. Usa a razão nas dificuldades. As situações mais duras podem se suavizar, as apertadas podem se afrouxar, e as pesadas, se tornar mais leves, é só saber levá-las.

Além do mais, os desejos não devem ser lançados para muito longe, mas permitamos que desabrochem nas proximidades, já que, de todo, não são passíveis de clausura.

---

24. De acordo com os costumes romanos, os prisioneiros tinham uma algema ou um grilhão no seu braço direito que os prendia a outra algema ou grilhão no braço esquerdo do seu guarda para que não fugissem. (N.T.)

Abandonando essas coisas que não podem ser feitas ou apenas podem ser feitas de modo muito difícil, sigamos as coisas próximas e que alimentam a nossa esperança. Saibamos que todas as coisas são igualmente volúveis; embora exteriormente possam ter diversas faces, por dentro são igualmente vãs.

Não invejemos a sorte dos que estão em posição privilegiada. O que parece ser altura é, na verdade, um precipício.

Aqueles a quem uma sorte iníqua colocou em uma encruzilhada, estarão mais seguros diminuindo as coisas que são por si elevadas, conduzindo seu destino tanto quanto for possível no nível da normalidade.

Muitos são os que devem se manter em seu pedestal, do qual não podem descer a não ser caindo. Por isso procuram demonstrar que são pesados aos outros, não porque se comprazem em pairar sobre eles e, sim, por serem a isso obrigados. Assim, por sua justiça, mansidão, humanidade e generosidade, preparam-se para enfrentar as adversidades do destino, já que tal esperança lhes deixa mais seguros.

Porém, nada poderá nos defender dessas flutuações da alma, a não ser determinar limites à ambição de crescimento, assim como não deixar a última palavra ao arbítrio do destino. É certo que alguns desejos incitam a alma, mas, sendo limitados, não se tornarão nem imensos nem incertos.

XI

Meu discurso se dirige aos imperfeitos, aos medíocres e doentes, não ao sábio. Este não deve andar timidamente nem de modo vacilante, já que tem tanta confiança em si que não receia ir ao encontro do destino, ao qual não fará nenhuma concessão. Nem tem por que temê-lo, porque não apenas os escravos, as posses, a dignidade, até o seu corpo, os olhos e as mãos com tudo o que faça a vida mais agradável, e até a si próprio, tudo está entre as coisas precárias. Tem consciência de que a vida é algo que lhe foi dado de empréstimo e, por isso, sujeita à restituição, sem tristeza, quando lhe for reclamada.

Não perde a autoestima por saber que não é dono de si. Ao contrário, faz tudo tão diligentemente, tão cuidadosamente quanto um homem religioso e santo guarda o que lhe é confiado.

E, quando coagido a devolver, não se queixa da sorte e diz: "Obrigado pelo que tive e utilizei. Eu cultivei teus bens com grande esforço, mas, já que ordenas, cedo e devolvo agradecido e de bom grado. Se ainda queres que eu tenha algo teu, eu o guardarei. Se decidires o contrário, eu te entrego a prata, a casa e a minha família. Devolvo-te tudo."

Se a natureza reclama suas dádivas, já que foi ela, primeiro, que nos deu, eu diria "Recebe esta alma melhor do que quando a concedeste". Não sou evasivo nem fujo. Acolha-a pronta e acabada de quem a recebeu. Leva-a.

Retornar de onde se veio, qual é o problema disso? Mal vive aquele que não sabe morrer bem.

Assim, pois, primeiro deve-se diminuir o valor disto e situar a vida na categoria de coisa descartável. Odiamos os gladiadores, como dizia Cícero, se desejam conservar a vida de qualquer forma. No entanto, nós os aplaudimos se demonstram desprezo por ela. Saibas que o mesmo ocorre conosco. Com frequência, a causa do morrer é o medo da morte.

O destino, que se diverte conosco, diz: "Por que hei de te conservar, animal ruim e covarde? Tu serás mais ferido e golpeado por não saberes receber os golpes. Porém, tu viverás mais tempo e morrerás mais rapidamente se esperares o ferro sem desviar a cabeça nem te protegeres com as mãos, mas o receberes amistosamente."

Aquele que teme a morte nunca fará nada com dignidade. Porém, aquele que sabe estar a sorte decidida desde quando foi concebido vive em conformidade com o determinado e o procurará com a mesma fortaleza de alma de modo que nada ocorra a partir disso que seja imprevisto.

Considerando o que quer que possa ocorrer no futuro, suavizará o ímpeto de todos os males, porque, para os que estão preparados e esperando, não trazem nada de novo. Vêm graves apenas para os que estão descuidados e esperam apenas coisas felizes.

Existe a doença, o cativeiro, a ruína, o fogo. Nenhuma dessas coisas é surpresa. Eu sabia em que tumultuosa hospedaria a natureza me enclausurou. Muitas vezes houve lamento na minha vizinhança; muitas vezes, na frente da minha porta, tochas e archotes[25] precederam exéquias prematuras; frequentemente, soa ao meu lado o fragor de um edifício que desmorona. A noite levou a muitos daqueles que o fórum, a cúria, o discurso uniram a mim, e as mãos, que estavam unidas pela amizade, foram separadas pela morte. Então vou me admirar quando, por ventura, os perigos me atinjam, aqueles que sempre me rondam?

Grande parte dos homens não pensa sobre a tempestade ao embarcar.

Nunca me envergonharei de citar uma sentença boa de um mau autor. Publílio[26], mais veemente que os gênios trágicos e cômicos, sempre que deixava as mímicas ineptas e as palavras chulas destinadas aos espectadores, entre muitas outras coisas mais fortes, dizia isto: "O que pode ferir a alguém pode ferir a qualquer um".

Se essa sentença for avaliada no seu significado pleno, considerando todos os males, embora livre deles, mas também sujeito aos mesmos, seja precavido, já que não resta tempo quando o perigo chega.

"Eu não pensava que isto iria acontecer. Nunca acreditaria que isso aconteceria um dia."

Ora, por que não? Quais são as riquezas que a miséria, a fome e a mendicância não alcançam? Qual dig-

---

25. Segundo o costume romano, tochas e archotes precediam exéquias prematuras, ou seja, funerais de crianças. (N.T.)
26. Publílio Siro, escritor latino, 43 a.C. (N.T.)

nidade, com sua toga pretexta[27], seu bastão augural e calçados patrícios, não é acompanhada de sordidez, acusações públicas, mil máculas e o extremo desprezo? Que reino existe cuja ruína não esteja preparada além da degradação do tirano e do carrasco? Não é necessário um grande intervalo de tempo, mas poucas horas bastam para se ir do trono até os pés do dominador.

Sei, portanto, que toda condição é variável, e o que quer que caia sobre outro pode também ocorrer a ti. És rico? Mas por acaso mais do que Pompeu? A ele, quando Gaio[28], seu antigo parente e novo hóspede, lhe abriu a casa de César para fechar a sua, faltou pão e água. E ele, que possuía tantos rios que nasciam e morriam em seus domínios, mendigou água da chuva. Passou fome e sede no palácio desse parente, enquanto isso, seu herdeiro lhe preparava funerais públicos.

Tu que desfrutaste das maiores honras, por acaso foram tão grandes ou tão inesperadas ou tão universais quanto as de Sejano?[29] Pois no mesmo dia em que o Senado o acompanhou, o povo o esquartejou. Daquele a quem tanto os deuses quanto os homens haviam concedido tudo o que se pudesse querer, nada sobrou para que o carrasco pudesse recolher.

És rei? Oxalá não sejas como Creso[30], que mandou acender e viu extinguir-se a sua própria fogueira, e so-

---

27. Toga branca com bordas vermelhas que os magistrados vestiam em cerimônias públicas. (N.T.)
28. Gaius Caesar Germanicus era todo o nome de Calígula. (N.T.)
29. Sejano, ministro e protegido de Tibério. (N.T.)
30. Creso (VI a.C.), último rei da Lídia. (N.T.)

breviveu não apenas ao seu reino, mas também à sua própria morte. Não te enviarei à Jugurta[31], a quem o povo romano, no transcurso de um único ano, temeu e viu prisioneiro. Não se viu Ptolomeu[32], rei da África, nem Mitrídates[33], rei da Armênia, presos entre os guardas de Gaio. Um foi mandado para o exílio, o outro optou por melhor destino.

Em meio a tantas subidas e descidas contínuas das coisas, se não tens ideia de tudo quanto pode acontecer no futuro, darás força para o que age contra ti. Por outro lado, poderás desarmá-las se fores tu a vê-las antes.

XII

Em vista disso, não devemos trabalhar para coisas inúteis nem por motivos inúteis, isto é, não devemos desejar o que não podemos conseguir, ou, se o conseguimos, que não compreendamos muito tarde e com vergonha a inutilidade dos nossos desejos, ou seja, que o trabalho não seja indigno nem desagradável e sem efeito ou que o efeito do trabalho seja indigno. Quase sempre a tristeza advém a partir disso, seja por causa do fracasso, seja pelo resultado vergonhoso.

---

31. Jugurta, rei da Numídia, século II a.C., desfilou como prisioneiro no cortejo triunfal de Caio Mário. (N.T.)

32. Ptolomeu, rei da Mauritânia, foi levado para Roma e executado. (N.T.)

33. Mitrídates, levado para Roma com Ptolomeu. Mais tarde, foi exilado e recuperou seu trono. (N.T.)

É preciso diminuir as idas e vindas, às quais se entregam grande parte dos homens que perambulam por casas, teatros e mercados, intrometendo-se nos negócios alheios, como se estivessem sempre ocupados.

Se perguntas a alguém ao sair de casa: "Aonde vais? Qual o teu destino?" Ele te responderá: "Por Hércules, não sei! Mas verei algumas pessoas, farei alguma coisa!"

Vagam sem propósito, buscando alguma ocupação. Não fazem o que tinham proposto, mas o que se apresenta naquele momento. O percurso deles é sem proveito, igual à formiga que sobe e desce pela árvore, indo até o ponto mais alto e descendo para a base do tronco sem nada produzir.

Muitos conduzem a sua vida de modo semelhante. Deles, não sem razão, alguém diria que são de uma inércia inquieta.

Terias pena de alguns que correm como se fossem apagar um incêndio. Até mesmo atropelam os que encontram e se precipitam sobre os demais, Para onde se dirigem? Correm para saudar alguém que não lhes responderá ou para acompanhar os funerais de algum homem desconhecido ou assistir à solenidade de qualquer especialista em novas núpcias ou escoltar uma liteira, levando-a por muitos lugares.

Depois, em casa, quando voltam exauridos por nada, juram não saber por que saíram, onde foram, para, no dia seguinte, errarem pelos mesmos descaminhos.

Assim, todo trabalho tem um objetivo, tem algo em vista. Não é uma atividade válida que move os inquietos, mas, como os loucos, são as falsas imagens das coisas que os movem, pois nem esses se movem sem alguma esperança. Por isso os prende a aparência de alguma coisa cuja inutilidade a mente decrépita não apreende.

Do mesmo modo, acontece a cada um desses que, para aumentar a multidão, circulam pela cidade em causas vãs e levianas. Nada tendo no que trabalhar, saem de casa ao nascer do sol, depois de terem, sem resposta, batido à porta e saudado aos escravos-porteiros. Ninguém é mais difícil do que a eles de serem encontrados em casa.

Desse mal depende o se origina aquele vício odioso: o de ouvir e investigar os segredos públicos, inteirando-se de muitas coisas perigosas de divulgar e até mesmo de ouvir.

XIII

Penso que Demócrito professa tal doutrina quando diz: "Quem quiser viver tranquilamente, não faça muitas coisas nem particulares nem públicas".

Claro que se referia às coisas desnecessárias, pois, se são úteis, tanto privada quanto publicamente, não apenas muitas, mas inúmeras devem ser feitas. No entanto, quando nenhum dever obriga, devemos restringir nossas ações.

Quem faz muitas coisas com frequência coloca-se sob o poder do destino. O mais seguro é provocá-lo raramente. Ao contrário, pensar sempre sobre ele e nada esperar de sua fidelidade. "Navegarei, a não ser que aconteça alguma coisa"; "serei pretor, a não ser que algo o impeça"; "a negociação será bem-sucedida, a não ser que algo intervenha".

É por isso que dizemos que nada acontece contra a vontade para o sábio. Não o eximimos dos azares da vida e, sim, dos erros. Assim, se as coisas não acontecem como ele quis, ao menos não fugiram de sua previsão.

O que se prevê é que há sempre algo por vir que poderia criar obstáculos para a realização de nossos propósitos. Certamente o pesar causado por uma decepção é bem menor quando o sucesso não foi previsto com antecipação e plena segurança.

XIV

Devemos também ter flexibilidade e não nos entregarmos obstinadamente às nossas decisões de maneira que possamos transitar para aquilo que o acaso traz. Não temamos a mudança nos projetos e nas situações, de modo que a leviandade, inimigo vício da quietude, não nos surpreenda.

Certamente, a obstinação perturba, pois frequentemente o destino lhe extorque algo. Por sua vez, a leviandade é muito mais grave, pois nunca se fixa em coisa nenhuma.

Esses dois defeitos perturbam a tranquilidade, porque, de um lado, opõem-se à mudança e, de outro, nada toleram.

Certamente a alma deve ser resguardada de todas as coisas externas. Confia em ti. Alegra-te contigo. Afasta-te o quanto podes das coisas alheias. Dedica-te a ti mesmo. Não te sensibilizes com prejuízos materiais. Enfim, procura interpretar com benevolência os fatos adversos.

Anunciado o naufrágio, o nosso Zenão, quando ouviu que todas as suas coisas estavam submersas, disse: "A sorte me manda filosofar de modo mais desprendido". Quando o tirano ameaçava de morte o filósofo Teodoro[34] e de deixá-lo sem sepultura, ele perguntou: "Tens com o que te alegrar, pois meu sangue está em teu poder; mas, no que diz respeito à sepultura, és um tolo se pensas que me interessa se vou apodrecer sobre ou debaixo da terra".

Júlio Cano[35], homem grande entre os primeiros, cuja admiração não há de contestar quem nasceu no nosso século, após ter discutido com Gaio, ao sair, comentou o novo Faláride[36]: "Para que não te iludas com vã esperança, mandei que te conduzissem à execução". Ao que ele replicou: "Eu te agradeço, ótimo príncipe".

O que ele sentia, não tenho certeza, pois me ocorrem muitas coisas. Quis ofender o príncipe e mostrar quão grande era sua crueldade, já que, depois dela, a morte seria um benefício? Ou jogou-lhe no rosto sua costumeira demência? Pois lhe agradeciam aqueles cujos

---

34. Teodoro de Cirene pertencia ao templo de Sócrates. (N.T.)
35. Personagem desconhecido. (N.T.)
36. Também chamado de Falência. Foi um famoso tirano de Agrigento, na Sicília, conhecido por sua crueldade. (N.T.)

Da tranquilidade da alma

filhos havia assassinado e cujos bens havia roubado. Ou aceitava livremente a morte como se fosse a liberdade? O que quer que seja, respondeu com grande alma. Poderia ser dito que, depois disso, Gaio poderia deixar que ele vivesse. Cano não pressentiu isso. A fidelidade de Gaio a tais ordens era famosa. Acreditas, pois, que os dez dias anteriores ao seu suplício passaram com alguma preocupação? É difícil de acreditar nas coisas que aquele homem disse, no que fez e na tranquilidade que manteve.

Jogava xadrez.[37] Quando o centurião que buscava o grupo de condenados ordenou que também o tirassem, chamado, contou as suas pedras e disse ao seu companheiro: "Veja, não minta depois da minha morte que tu venceste". Então, acenando ao centurião, disse: "Tu serás testemunha de que estou ganhando por um ponto". Pensas que Cano se importava com aquele tabuleiro? Ele zombava de seu carrasco.

Aos amigos que estavam tristes por perder tal homem, disse: "Por que estão tristes? Vocês questionam se as almas são imortais, eu já saberei." Não deixou de investigar a verdade no seu próprio fim e fez de sua morte uma questão.

Aquele seu filósofo[38] o acompanhava. Quando já estavam próximos do túmulo em que quotidianamen-

---

37. *Latrunculis* era um tipo de jogo de tabuleiro, também chamado de "jogo dos pequenos soldados" ou "jogo dos ladrões". (N.T.)
38. Era comum que personagens eminentes tivessem sempre a companhia de um filósofo, que lhes servia de orientador espiritual. (N.T.)

te se fazia sacrifício a César, nosso deus, lhe perguntou: "Cano, em que estás pensando agora? Ou o que está na tua mente?" "Eu me propus", respondeu Cano, "a observar se naquele velocíssimo momento sente-se a alma expirar." E prometeu que, se descobrisse, voltaria aos amigos e lhes indicaria o estado das almas.

Eis a tranquilidade em meio à tempestade, eis uma alma digna da eternidade, que chama o seu destino de prova da verdade, que, no último momento, interroga a sua alma que exala e aprende não apenas no momento da morte, mas a partir da própria morte. Ninguém filosofou por mais tempo. Tão grande homem não será esquecido nunca. Sim, iremos louvar teu nome pelas gerações futuras. Tu, vítima ilustre, patrimônio imortal em meio às calamidades promovidas por Gaio.

XV

Mas em nada interessam as causas da tristeza particular, já que, às vezes, nos ocupa o ódio pelo gênero humano, quando se pensa quão rara é a simplicidade, quão desconhecida é a inocência e como raramente, salvo algum interesse, permanece a fidelidade. Dessa forma, faz-se presente a maldade interessada nos lucros e danos, impulsionada pela ambição que não se contém em seus limites.

Então a alma penetra na escuridão, porque diante da falência das virtudes, das quais nada mais se espera, já que não as possui, só lhe resta penetrar nas trevas.

Diante disso, devemos nos esforçar para que todos os vícios nos pareçam não como odiosos, mas como ridículos, e imitar antes Demócrito que a Heráclito. Este sempre que se encontrava em público, chorava; aquele ria. Tudo o que fazemos, a um parecia misérias; a outro, idiotices.

Deve-se, pois, aceitar todas as coisas e suportá-las com bom humor. É mais adequado à natureza humana rir que lamentar a vida.

Além do mais, serve melhor ao gênero humano quem dele ri do que quem o deplora.

Aquele que ri tem alguma esperança, porém aquele que chora estupidamente não espera que possa se corrigir. Enfim, quem contempla o conjunto da realidade humana demonstra ter maior grandeza de alma ao não conter o riso do que quem não consegue reter as lágrimas. Simplesmente deixa-se levar por leve emoção, já que nada de grandioso, sério ou digno de lástima se faz presente nas falsas aparências.

Que cada um reflita sobre o porquê de estarmos tristes ou alegres e saberá que a verdade é o que Bion dizia: "Nem todos os negócios dos homens são semelhantes nos seus princípios, nem a vida deles é mais santa ou severa do que quando foram concebidos".

Mas é bastante aceitar placidamente os costumes públicos e os vícios humanos sem cair no riso ou em lágrimas, porque se atormentar com os males alheios é uma eterna miséria e se deleitar com tais males é um prazer desumano.

Assim, é inútil chorar porque alguém enterra o seu filho ou ficar entristecido.

Convém se conduzir de tal modo que, em teus próprios males, dês à dor o quanto a natureza pede, não o quanto os costumes cobram. De fato, muitos derramam lágrimas por simples ostentação, uma vez que mantêm olhos secos sempre que o espectador se vai, julgando ser torpe não fazê-lo quando todos o fazem. Tão profundamente se fixou este mal de estar dependente da opinião alheia que simula até uma coisa tão simples como a dor.

XVI

Segue-se a parte que, não sem razão, costuma nos entristecer e conduzir à precaução. Quando homens de bem são levados para fins desastrosos. Assim, Sócrates é coagido a morrer no cárcere, Rutílio a viver no exílio, Pompeu e Cícero a entregarem suas cabeças a seus clientes, e Catão, imagem viva da virtude, joga-se sobre sua espada, fazendo perecer consigo, ao mesmo tempo, a república.

Impossível não se perturbar com o fato de a sorte distribuir prêmios tão iníquos. E então o que cada um pode esperar para si quando vê os melhores sofrerem coisas tão horríveis?

Que fazer diante de tudo isso?

Olha como cada um deles suportou o sofrimento, sendo forte. Oxalá desejes ter a mesma firmeza de espírito.

Se foram fracos e covardes diante da morte, nada se perdeu. Ou são dignos de terem suas virtudes como modelo, ou sua covardia os torna até indignos de pena. De fato, o que há de mais vergonhoso que homens insignes, morrendo de modo heroico, fizessem de nós covardes?

Louvemos o que é digno de louvor e digamos: "Quanto mais forte, tanto mais feliz! Fugiste de todas as quedas, inveja, doença; saíste da prisão, não pareceste aos deuses digno de má sorte, mas indigno de que a sorte pudesse fazer algo contra ti." Porém, aos que fogem e que da própria morte voltam para a vida, deve-se empurrá-los para o carrasco.

Não choro a ninguém que esteja alegre nem a ninguém que se lamenta. Aquele enxugou as minhas lágrimas, este, com seu choro, fez com que não fosse digno de nenhuma lágrima. Eu vou chorar por Hércules, que foi queimado vivo; por Régulo, que foi crivado de dardos; por Catão, que suportou suas feridas. Todos estes alcançaram, pelo empenho de uma parte mínima da própria existência, agiram de forma a se fazerem eternos, e a morte foi para eles a porta para a imortalidade.

XVII

Também causa preocupação o fato de alguém tomar atitudes que não demonstram aos outros o que cada um é realmente. Assim, é a vida de muitos, falsa e pronta para a ostentação. De fato, o constante autocontrole atormenta tanto quanto o receio de ser pego num papel diverso daquele que está acostumado a representar.

Nunca nos livraremos dessa preocupação, já que cada olhar que examina é também questionador. De fato, ocorrem muitos incidentes que nos expõem contra a nossa vontade. Portanto, não é segura a vida daqueles que vivem sob uma máscara.

Quanto prazer tem a simplicidade sincera e autêntica, que nada esconde de seus costumes! No entanto, essa vida corre perigo de ser desprezada, se ela for exposta a todos. De fato, existem aqueles que se enfastiam do que veem muito de perto. Mas não existe perigo de que a virtude se torne vil ao se aproximar dos olhos, e é melhor ser incomodado pela simplicidade do que por uma perpétua dissimulação. Desse modo, sejamos moderados, pois há muita diferença entre viver com simplicidade e viver com negligência.

XVIII

Faz-se necessário muito recolhimento para dentro de si próprio.

O contato com aqueles que são de outro nível atinge o nosso equilíbrio, renova paixões e excita debilidades latentes e tudo o que não esteja bem curado.

Solidão e companhia devem ser mescladas e alternadas. Esta desperta o desejo de viver entre os homens, aquela, conosco mesmos. Portanto, uma é remédio para outra. A solidão irá curar a aversão da multidão, e a multidão, o tédio da solidão.

XIX

Igualmente, não se deve manter a mente fixa apenas num único objetivo, ela deve ser conduzida, por vezes, às distrações. Sócrates não se envergonhava de divertir-se jogando com os meninos. Catão relaxava o espírito com o vinho, quando se sentia cansado das preocupações da vida pública. Cipião exercitava seu corpo triunfante e militar através da dança. Não como agora costumam fazer, com trejeitos afeminados, mas como os antigos costumavam fazer, nos jogos e nas festas, dançando virilmente, sem serem, por isso, desconsiderados, mesmo que tenham sido vistos pelos seus inimigos.

Deve-se dar à alma algum descanso. Repousando, ela se torna mais atilada para a ação.

Assim como não se deve exigir demais dos campos férteis, porque uma fertilidade nunca interrompida os esgotaria, também o trabalho contínuo abate o ímpeto das almas, cujas forças se recuperariam com um pouco de descanso e de distração. Quando o esforço é demais, ele transmite à mente certo esgotamento e frouxidão.

Certos homens não tenderiam tanto para passatempos e jogos se disso não tirassem algum deleite. A frequência, no entanto, absorve do espírito toda a força. Também o sono é muito necessário ao descanso, porém, se for contínuo, levará à morte. Existe muita diferença entre o afrouxar e o desligar.

Os legisladores instituíram os dias festivos para coagirem publicamente os homens a se alegrarem, interpondo ao trabalho uma interrupção necessária. Portanto, como já disse, grandes homens se davam mensalmente alguns dias de férias. Outros, enfim, alternavam uma jornada de trabalho com outra de lazer.

Lembremos o grande orador Asínio Polião, que de nada se ocupava após as quatro horas da tarde. Ele não lia nem uma carta depois dessa hora, para que não surgissem novas preocupações. Assim, em duas horas repunha as energias gastas durante o dia. Alguns cessavam suas atividades ao meio-dia, reservando as horas da tarde para os trabalhos mais leves.

Nossos antepassados vetavam, após as quatro horas, sessão no Senado.

À noite, os soldados dividem as vigílias, e delas estão livres os que retornaram de alguma expedição.

XX

Convém ser condescendente com a alma e dar-lhe algum descanso que atue como um alimento restaurador. Os passeios devem ser feitos em lugares abertos, para que a alma se fortifique com o ar puro. Às vezes, um passeio, uma viagem com mudança de região. Isso proporciona energia renovada.

Igualmente, uma refeição alegre e uma bebida mais abundante, podendo chegar à embriaguez, não para nos afogarmos, mas para nos divertirmos, porque dissolve as preocupações, comove até o íntimo da alma e cura não apenas a tristeza, mas também outras doenças. Baco[39]

---

39. No original *Líber*, um dos nomes de Baco, deus do vinho. (N.T.)

foi chamado de livre não por soltar a língua, mas por libertar a alma da servidão das preocupações e fazê-la mais forte e audaz para todos os desejos.

Assim como para a liberdade, a moderação também é saudável em relação ao vinho. Comenta-se que Sólon[40] e Arcesilau[41] eram dados ao uso do vinho. No entanto, a embriaguez de Catão[42] foi reprovada. Quem quer que fosse que o reprovava, é mais fácil tornar o vício honesto do que manchar a dignidade de Catão.

Mas não se deve fazer referência a isso com frequência, para que o indivíduo não seja levado pelos maus costumes. De toda forma, é necessário, de vez em quando, afrouxar as rédeas, para interromper, de leve, a moderação e levá-la à exultação e à liberdade.

Demos crédito ao poeta grego: "De vez em quando é alegre enlouquecer". Também Platão afirmava: "Em vão se dirige às portas das musas quem tem o domínio de si".[43] E ainda Aristóteles: "Nunca existiu um grande gênio sem nenhuma mistura de loucura".

O espírito, quando despreza as coisas vulgares e costumeiras e se ergue ao alto por um instinto sagrado, então, por fim, entoa palavras divinas com boca mortal. Enquanto o espírito está atrelado a si mesmo, o sublime

---

40. Legislador grego do século IV a.C. (N.T.)

41. Filósofo platonista. (N.T.)

42. A embriaguez de Catão é referida por Plutarco (Catão, o Moço; IV). (N.T.)

43. Referência ao fato de as musas, inspiradoras da poesia e da música, arrebatarem o poeta, ou seja, fazerem com que perdesse o domínio de si. (N.T.)

fica inatingível. É necessário que se afaste do costumeiro, que se liberte e, soltando o freio, arrebate consigo o cavaleiro, que é conduzido às alturas, aonde jamais chegaria só por si mesmo.

Aqui estão, meu caro Sereno, os meios para conquistar a tranquilidade e a forma como podes recuperá-la, já que tens como resistir aos vícios quando aparecem sub-repticiamente. Porém, e isso já deves saber, nenhum deles é suficientemente forte para conservar um bem tão frágil se não houver intenso e assíduo cuidado.

Da felicidade

I

Todos os homens, caro Galião, querem viver felizes, mas, para descobrir o que torna a vida feliz, vai-se tentando, pois não é fácil alcançar a felicidade, uma vez que quanto mais a procuramos mais dela nos afastamos. Podemos nos enganar no caminho, tomar a direção errada; quanto maior a pressa, maior a distância.

Devemos determinar, por isso, em primeiro lugar, o que desejamos e, em seguida, por onde podemos avançar mais rapidamente nesse sentido. Dessa forma, veremos ao longo do percurso, sendo este o adequado, o quanto nos adiantamos cada dia e o quanto nos aproximamos de nosso objetivo. No entanto, se perambularmos daqui para lá sem seguir outro guia senão os rumores e os chamados discordantes que nos levam a vários lugares, nossa curta vida se consumirá em erros, ainda que trabalhemos dia e noite para melhorar o nosso espírito.

Devemos decidir, por conseguinte, para onde vamos nos dirigir e por onde, não sem a ajuda de algum homem sábio que haja explorado o caminho pelo qual avançamos, porque a situação aqui não é a mesma que em outras viagens; nestas há atalhos, e os habitantes a quem se pergunta o caminho não permitem que nos extraviemos. Quanto mais frequentado e mais conhecido que seja o trajeto, maior é o risco de ficar à deriva. Nada é mais importante, portanto, que não seguir como ovelhas o rebanho dos que nos precederam, indo assim não aonde querem que se vá, senão aonde se deseja ir.

E, certamente, nada é pior do que nos acomodarmos ao clamor da maioria, convencidos de que o melhor é aquilo a que todos se submetem, considerar bons os exemplos numerosos e não viver racionalmente, mas sim por imitação.

Daí, a grande quantidade de pessoas que se precipitam umas sobre as outras. Como acontece em uma grande catástrofe coletiva, quando as pessoas são esmagadas, ninguém cai sem arrastar a outro, e os primeiros são a perdição dos que os seguem. Isso tu podes ver acontecer ao longo da vida; ninguém erra por si só, apenas repete o erro dos outros.

É prejudicial, portanto, apegar-se aos que estão à tua frente, ainda mais quando cada um prefere crer em lugar de julgar por si mesmo, deixando de emitir juízo próprio sobre a vida. Por isso, adota-se, quase sempre, a postura alheia. Assim, o equívoco, passando de mão em mão, acaba por nos prejudicar.

Morremos seguindo o exemplo dos demais. A saída é nos separarmos da massa e ficarmos a salvo. Mas agora as pessoas entram em conflito com a razão em defesa de sua própria desgraça. A mesma coisa acontece nas eleições. Aqueles que foram eleitos para o cargo de pretores[44] são admirados pelos que os elegeram. O beneplácito popular é volúvel. Aprovamos algo que logo depois é condenado. Este é o resultado de toda decisão com base no parecer da maioria.

---

44. Pretor era um magistrado romano, hierarquicamente subordinado ao cônsul, modernamente equivalendo ao juiz ordinário ou de primeira instância. (N.T.)

II

Quando se trata da felicidade, não é adequado que me respondas de acordo com o costume da separação dos votos[45]: "A maioria está deste lado, então, do outro está a parte pior". Em se tratando de assuntos humanos, não é bom que as coisas melhores agradem à maioria. A multidão é argumento negativo.

Busquemos o melhor, não o mais comum, aquilo que conceda uma felicidade eterna, não o que aprova o vulgo, péssimo intérprete da verdade.

Chamo vulgo tanto àqueles que vestem a clâmide[46] quanto aos que carregam coroas. Não olho a cor das roupas que adornam os corpos, não confio nos olhos para conhecer o homem. Tenho um instrumento melhor e mais confiável para discernir o verdadeiro do falso; o bem do espírito, o espírito o há de encontrar.

Se o homem tivesse a oportunidade de olhar para dentro de si próprio, como se torturaria, confessaria a verdade e diria: "Tudo que tenho feito até agora, preferia que não tivesse sido feito; quando penso em tudo o que disse, invejo os mudos; tudo o quanto desejei, a maldição de meus inimigos; tudo o que temi. Ó deuses justos! Melhor não tivesse desejado. Fiz muitas inimizades, e o ódio substituiu a amizade (se é que há amizade entre os

---

45. No Senado, a decisão pelo voto era expressa pela troca de lugar, isto é, passava-se para o lado daquele a quem se dava apoio. Era a chamada votação por deslocamento. (N.T.)

46. Na Grécia Antiga, manto que se prendia por um broche ao pescoço ou aos ombros. (N.T.)

maus), e nem sou amigo de mim mesmo. Fiz os maiores esforços para sair da multidão e fazer-me notar por alguma qualidade: o que tenho feito senão oferecer-me como um alvo e mostrar à maldade onde poderia me machucar? Vê aqueles que elogiam a eloquência, escoltam a riqueza, adulam os benfeitores, louvam o poder? Todos são inimigos, ou podem sê-lo. Tantos são os admiradores quanto os invejosos. Por que não buscar algo realmente bom, para sentir, não para mostrar? Essas coisas que se contemplam, diante das quais as pessoas se detêm, que um mostra a outro com assombro, por fora brilham, por dentro são deploráveis."

III

Busquemos as coisas boas, não na aparência, mas sólidas e duradouras, mais belas no seu interior. Devemos descobri-las. Não estão longe, serão encontradas; apenas se precisa saber quando as encontramos. No entanto, passamos como cegos ao lado delas, tropeçando no que desejamos. Porém, para evitar delongas, passarei por alto as opiniões dos demais, pois é cansativo enumerá-las e rejeitá-las. Ouve a nossa.

Quando digo a nossa, não me associo a nenhum dos mestres estoicos. Também tenho direito a opinar. Portanto, seguirei um, pedirei a outro para dividir sua tese; talvez, depois de haver citado a todos, não rejeitarei qualquer coisa que decidiram os anteriores, e direi: "e ainda penso alguma coisa mais". Entretanto, de acordo com todos os estoicos, eu sigo a natureza. A sabedoria reside em não se afastar dela e adequar-se à sua lei e ao seu exemplo.

A felicidade é, por isso, o que está coerente com a própria natureza, aquilo que não pode acontecer além de si. Em primeiro lugar, a mente deve estar sã e em plena posse de suas faculdades; em segundo lugar, ser forte e ardente, magnânima e paciente, adaptável às circunstâncias, cuidar sem angústia do seu corpo e daquilo que lhe pertence, atenta às outras coisas que servem para a vida, sem admirar-se de nada; usar os dons da fortuna, sem ser escrava deles.

Compreendes, ainda que não claramente, que disso advém uma constante tranquilidade e liberdade, uma vez afastadas as coisas que nos perturbam ou nos amedrontam. Em lugar de prazeres e gozos mesquinhos e frágeis, até mesmo prejudiciais em sua desordem, que venha uma grande, inabalável e constante alegria e, ao mesmo tempo, a paz e a harmonia da alma, a generosidade com a doçura. Qualquer tipo de maldade é resultado de alguma deficiência.

IV

O bem, como se concebe, também pode ser definido de outras maneiras, ou seja, pode ser entendido no mesmo sentido, mas não nas mesmas condições.

Um exército pode se estender em uma ampla frente ou concentrar-se; dispor o centro em curvas, arqueando as alas, ou avançar em uma linha reta, continuando igual a sua força e a vontade de lutar pela mesma causa. Da mesma forma, a definição do bem supremo pode ser ampla e detalhada ou breve e concisa.

Será o mesmo, portanto, se eu disser: "O bem supremo é uma alma que despreza as coisas fúteis e se satisfaz com a virtude", ou, ainda, "uma força de espírito é invencível, alerta, cala no agir e atenta aos interesses da humanidade, tendo cuidado especial por aqueles que nos rodeiam".

Pode-se ainda dizer que o homem feliz é aquele para quem não existe nem bem nem mal, apenas uma alma boa ou má; que pratica o bem, contenta-se com a virtude, não se deixa nem elevar nem abater pelo destino, não conhece bem maior do que o que pode dar a ele próprio, para quem o verdadeiro prazer será o desprezo dos prazeres.

Podes, se gostas de digressões, apresentar a mesma ideia com outras imagens sem alterar o seu significado. Nada nos impede, na verdade, de dizer que a felicidade consiste em uma alma livre, sem medo e constante, inacessível ao temor e à ganância, para quem o único bem é a dignidade e o único mal é a desonestidade, sendo todo o restante um aglomerado de coisas que não retiram ou acrescentam nada à felicidade da vida. Em síntese, fatos que vão e vêm sem aumentar ou reduzir o bem supremo.

Este princípio, fundado sobre tal perspectiva, queiramos ou não, acarreta serenidade e uma profunda alegria que vem do interior, pois é para seu próprio prazer, não desejando bens maiores que os próprios.

Por que é que tais coisas não hão de compensar os movimentos mesquinhos, frívolos e inconstantes de nosso fraco corpo? Pelo contrário, no dia em que ele dominar o prazer, também dominará a dor.

V

Vê, então, quão ruim e funesta servidão terão que sofrer aqueles que têm alternadamente prazeres e dores, senhores mais caprichosos e despóticos. Tem-se que encontrar, portanto, uma saída para a liberdade. Essa liberdade dá-nos a indiferença ante a sorte. Assim esses inestimáveis bens surgirão, a calma do espírito posto em segurança e a elevação; e, rejeitados todos os erros, do conhecimento da verdade irá surgir uma grande alegria, a afabilidade e o contentamento do espírito. De todos esses bens, a alma desfruta não porque são excelentes em si, mas porque brotam de seu próprio bem.

Uma vez que se começa a discutir a questão amplamente, pode-se chamar de feliz aquele que, graças à razão, não deseja nem teme. As pedras também não têm medo e tristeza, bem como os animais, mas nem por isso diz-se que são felizes aqueles que não têm consciência da felicidade.

Ponha no mesmo nível os homens os quais a natureza obtusa e a ignorância de si mesmos os reduzem ao conjunto dos animais e das coisas inanimadas. Não há diferença entre estes e aqueles. De fato, os animais carecem totalmente de razão. Nesses homens, ela é pequena e nociva e serve apenas para corrompê-los, pois ninguém pode ser chamado de feliz estando distante da verdade. A vida feliz, por isso, tem o seu fundamento em uma ação simples e segura. Porque a alma é pura e livre de todo o mal quando evita os riscos, sempre disposta a permanecer onde está e a defender a sua posição contra os sucessos e os golpes da sorte.

No que se refere ao prazer, mesmo quando difundido à nossa volta, insinuando-se por todos os meios, lisonjeando o espírito com seus afagos e ganhando um após o outro, para seduzir-nos total ou parcialmente, cabe indagar: quem, dentre os mortais, dotado de um mínimo de racionalidade, ainda que atraído, ousaria, relegando a alma, dedicar-se apenas ao corpo?

VI

Mas também a alma, dirão alguns, tem os seus prazeres. Concordo que os tem. Ela se torna centro e árbitro da sensualidade e dos prazeres. Então, enche-se de todas as coisas que tendem a deliciar os sentidos. Volta o pensamento ao passado e, lembrando prazeres, recompõe sua experiência e indaga por aqueles ainda por vir. Assim, enquanto o corpo é abandonado aos festins presentes, a mente corre com o pensamento ao encontro de prazeres futuros. Tudo isso me parece mesquinho, já que preferir o mal ao bem é loucura. Ninguém pode ser feliz se não tiver a mente sadia, e, certamente, não a tem quem opta por aquilo que vai prejudicá-lo.

É feliz, por isso, quem tem um julgamento correto. Feliz é aquele que, satisfeito com sua condição, desfruta dela. Feliz é quem entrega à razão a condução de toda a sua vida.

Observa agora aqueles que conceituam o bem supremo junto aos prazeres. Insistentemente, negam que seja possível separar o prazer e a virtude. Assim, afirmam não ser possível viver honestamente sem prazer, nem ter vida com prazer sem honestidade. Não vejo como coisas tão diversas podem ser conciliadas. O que proíbe separar o prazer da virtude? Acreditas que todo o princípio de bem procede da virtude e de suas bases advém aquilo que amas e desfrutas? Ora, se prazer e virtude fossem inseparáveis, então não haveria coisas agradáveis, apenas desonrosas; nem coisas honestas, apenas onerosas, só alcançadas a duras penas.

VII

Digo ainda que o prazer está ligado à vida mais infame, mas a virtude não aceita a desonestidade. Há indivíduos descontentes não por causa da falta de prazer, mas em decorrência do prazer em si, o que não aconteceria se o prazer estivesse ligado à virtude. A virtude frequentemente abre mão do prazer e dele não tem necessidade. Por que, então, juntar o que é contraditório e diverso?

A virtude é algo de elevado, nobre, invencível e infatigável. O prazer é fraco, servil, frágil e efêmero, cuja sede e casa são bordéis e tabernas. Você encontrará a virtude no templo, no fórum, na cúria, vigiando nossas muralhas. Anda coberta de poeira, queimada de sol e com as mãos cobertas de calos. O prazer, por sua vez, quase sempre anda escondido em busca de trevas, perto das casas de banho, lugares longe dos edis.[47] Apresenta-se flácido, frouxo, cheirando a vinho e a perfume, pálido, quando não cheirando a formol e parecendo embalsamado como um cadáver.

O bem supremo é imortal, não desaparecerá e não está familiarizado com tédio ou arrependimento, pois uma alma correta não muda nunca, não se aborrece, não se altera, porque sempre seguiu o caminho certo. Ao contrário disso, o prazer quanto mais deleita, logo se extingue. Sendo limitado, fica logo satisfeito. Sujeito ao tédio, logo depois do primeiro ímpeto já se mostra fadigado. Não demonstra estabilidade porque é fugaz. Assim, não pode ter consistência aquilo que aparece e desaparece como um relâmpago, destinado a findar no mesmo instante em que se faz presente. Em verdade, o fim já está próximo quando começa.

VIII

Importa que o prazer esteja presente tanto entre os bons quanto entre os maus e não deleite menos os malvados em suas torpezas do que os bons em suas ações

---

47. Na antiga Roma, magistrado responsável pela inspeção de bens e serviços públicos. (N.T.)

Da felicidade

honestas? É por isso que os antigos recomendavam seguir a vida melhor e não a mais agradável, de modo que o prazer se torne um aliado e não o guia da vontade digna e honesta.

É a natureza quem deve nos guiar. A ela se dirige a razão em busca de conselho. Deixa que eu explique o que entendo. Se soubermos manter, com cuidado e serenidade, os dotes físicos e as nossas capacidades naturais como bens fugazes e de apenas um dia; se não somos escravos deles nem dominados pelas coisas exteriores; se as ocasionais alegrias do corpo têm para nós o mesmo valor que as tropas auxiliares (devem servir e não comandar), então, por certo, tudo isso será útil para a alma.

Que o homem não se deixe corromper nem dominar pelas coisas exteriores e somente olhe para si mesmo, que confie em seu espírito e esteja preparado para o que o destino lhe envie, isto é, que seja o próprio artífice de sua vida. Que sua confiança não seja desprovida de conhecimento, nem seu conhecimento, de constância; que suas decisões sejam para sempre e não sofram qualquer alteração. Compreende-se, sem necessidade de repetir, que tal homem será tranquilo e organizado, fazendo tudo com grandeza e amabilidade. A verdadeira razão estará incluída nos sentidos e fará, a partir deles, o seu ponto de partida, uma vez que não tem mais onde apoiar-se para que possa se lançar em direção à verdade e, depois, voltar para si mesma. Assim como o mundo que engloba todas as coisas, deus, governante do universo, dirige-se às coisas externas, mas novamente retorna a si próprio de onde estiver. Que nossa mente faça o mesmo; quando seguir seus sentidos e se estender por meio deles através de coisas exteriores, seja dona destas e de si própria. Desse modo, resultará uma unidade de força e de poder em conformidade com ela própria, e nascerá uma razão segura, sem hesitação ou divergência em seu ponto de vista e compreensão, nem em sua convicção. Assim, quando harmonizada em seu todo, atinge o supremo bem. Pois nada de errado ou inseguro subsiste; nada que possa escorregar ou tropeçar.

Fará tudo através de seu controle, nada de inesperado irá acontecer, e tudo ficará bem, fácil e direito, sem desvios no agir, porque preguiça e hesitações demonstram luta e inconstância. Portanto, podes declarar resolutamente que o supremo bem é a harmonia da alma, porque as virtudes devem estar onde estão a harmonia e a unidade; os vícios são aqueles que discordam.

IX

"Mas tu mesmo", dizes, "praticas a virtude porque esperas que te traga algum prazer." Em primeiro lugar, se a virtude há de proporcionar prazer, então por isso mesmo é desejada. Não é porque ela proporciona tal satisfação que deve ser buscada e, sim, porque, sobretudo, daí advém algum prazer. O empenho em busca da virtude não ocorre em razão do prazer, mas em vista de outro objetivo, embora possa decorrer algum prazer dessa busca.

Embora em campo lavrado possam aparecer algumas flores, não foi por causa de tais plantas, ainda que proporcionem uma bela visão, que foi gasto tanto trabalho. A intenção do semeador era outra. O "a mais" é apenas um acréscimo eventual. Dessa forma, o prazer também não é o valor nem o motivo da virtude, mas, sim, um acessório dela. Não é porque deleita que agrada; mas, se agrada, então deleita.[48]

O bem supremo reside no próprio julgamento e na estruturação de um espírito perfeito que, respeitando os seus limites, realiza-se plenamente de maneira a mais nada desejar. Portanto, não há nada fora da plenitude a não ser seus limites.

Enganas-te ao questionar acerca do motivo que me leva a desejar a virtude; procuras, então, buscar algo além do que consideras o máximo, dizes. Queres saber que vantagem tiro da virtude? Apenas ela mesma, ela é o maior prêmio.

Isso te parece pouca coisa? Se digo: o bem supremo é a firmeza, a previsão, a agudeza, a liberdade, a harmonia e a dignidade de uma alma inquebrantável, poderias ainda imaginar algo de mais grandioso a que se referem todas essas coisas? Por que falar de prazer? Eu busco o bem do homem, não a barriga que em bestas e feras é maior.[49]

---

48. Jogo de palavras em latim: *Nec quia delectat placet sed si placet et delectat*. (N.T.)

49. Ironia. Em latim, *laxior*, mais receptivo ou largo. (N.T.)

X

"Desvirtuas o que digo", poderias replicar. "Eu também não creio que alguém possa viver feliz sem que viva de modo virtuoso. Isso não vale para os animais nem para quem mede a felicidade apenas pela comida. Afirmo, claramente, que a vida que eu chamo agradável não deve ser outra senão a que esteja ligada à virtude."

Ninguém ignora que alguns homens pensam apenas nos prazeres, e que a alma sugere prazeres e gozos exuberantes. Em primeiro lugar, a insolência e a excessiva autoestima; o orgulho que despreza o outro; o amor cego pelas próprias coisas; a euforia por pequenos e fúteis pretextos; a maledicência com a soberba violenta; a inércia e a indolência que, cansada pelo acúmulo de prazeres, acaba dormindo sobre si mesma.

A virtude rejeita tudo isso. Para todas essas coisas, faz-se surda. Ela avalia o prazer antes de aceitá-lo. Não o acolhe para simples deleite, ao contrário, fica feliz em poder fazer uso dele com moderação.

"O equilíbrio ao limitar o prazer é lesivo para o bem supremo." Ao falares assim, estás privilegiando o prazer. Eu o controlo. Tu o desfrutas, eu apenas me sirvo dele. Tu acreditas que ele seja o bem supremo; para mim sequer é bem. Tu fazes tudo por prazer; eu, nada.

XI

Quando digo que nada faço apenas por prazer, falo daquele[50] a quem atribuímos o conceito de prazer. Penso que não é sensato chamar sábio a quem está escravizado por alguma coisa, ainda mais pela volúpia. De fato, se estiver totalmente sujeito àquilo, como poderia vencer o perigo, a pobreza em torno da vida humana? Como suportar a visão da morte e da dor; como enfrentar o estrépito do mundo amargo e de tantos inimigos violentos, quando se submete diante de um adversário tão débil?

Dirás: "Faz tudo o que o prazer sugerir."

Digo: "Certo. Acontece que nem podes imaginar os tipos de insinuações que ele fará."

Dirás: "Nada me aconselhará de muito sórdido, já que tudo está ligado à virtude."

Digo: "Não vês, mais uma vez, que o bem supremo precisa de um tutor para ser bom? Como poderá a virtude ser guia do prazer se a fazes mera acompanhante?"

Colocas atrás quem deveria comandar. A virtude tem um papel importante a desempenhar segundo tua forma de pensar: ela é apenas pregustadora[51] do prazer.

Vejamos agora se a virtude, assim considerada, ainda seria virtude, uma vez que não pode conservar o nome ao perder a função.

Para que fique claro o argumento, mostrarei como muitos homens cercados pelos prazeres, acobertados

---

50. Epicuro, filósofo grego (341 a.C.-271 a.C.). (N.T.)
51. Função de pregustador. Escravo de confiança que provava comida ou bebida. (N.T.)

pela sorte e seus favores, não deixam de ser vistos como indivíduos corruptos.

Olha para Nomentano e Apício que, como afirmam, buscam coisas valiosas por terra e por mar. Depois, nas mesas de banquetes, expõem animais de todas as partes do mundo.

Olha como eles, do alto de seus leitos enfeitados com rosas, contemplam a fartura de suas festas, deliciando os ouvidos com músicas e cantos, os olhos com espetáculos e o paladar com diferentes sabores.

Estão vestidos com roupas delicadas. Para não deixarem de apreciar os odores, o ambiente está permeado de perfumes diversos. Neste local, acontecem orgias luxuosas.

Podes reconhecer que estão submetidos aos prazeres, mas isso não é um bem para eles, já que de alguma coisa verdadeiramente boa não estão desfrutando.

XII

"Será um mal para eles", dizes, "porque muitas são as circunstâncias que perturbam o seu humor, sem falar nas posições antagônicas que ajudam a perturbar o espírito."

Também posso pensar que seja assim, embora loucos e volúveis, e mesmo sujeitos ao arrependimento, irão experimentar tais prazeres que os deixarão afastados da inquietude e do bom senso. Como costuma acontecer, tornam-se reféns de uma alegria enorme e de uma trepidante festividade a ponto de enlouquecerem de tanto rir.

Ao contrário, os prazeres dos sábios são moderados, comedidos, controlados e pouco perceptíveis, uma vez que vêm de improviso. Ao se fazerem presentes, não são acolhidos com pompa e circunstância por parte de quem os recebe. É que o sábio os inclui em sua vida tal como peças de um jogo, misturando-os a coisas mais sérias de forma a não se destacarem.

Deixe-se, pois, de unir coisas incompatíveis entre elas, confundindo prazer com virtude. É com tal engano que se lisonjeia os perversos. Aquele que se deixa afundar nos prazeres, bêbado e inebriado, ao mesmo tempo em que está consciente de conviver com o prazer também crê estar com a virtude. Ouviu falar que prazer e virtude são inseparáveis e, por essa razão, nomeia os vícios com o nome de sabedoria, anunciando o que deveria esconder.

Assim, não se entregam à sensualidade levados por Epicuro, mas, apegados ao vício, escondem na filosofia a própria corrupção, lançando-se para onde o prazer é elogiado. Também não levam em consideração o quanto era moderado o prazer segundo Epicuro, mas apegam-se apenas ao nome dele, esperando encontrar justificativa e apoio para uma vida devassa e corrupta. Portanto, perdem a única coisa boa que havia entre os seus males: a vergonha do pecado. De fato, elogiam aquilo que os arruína enquanto se afundam em vícios. Por isso, sequer é possível corrigirem-se, uma vez que se aplica um título honroso para uma indolência vergonhosa. Esta é a razão por que este elogio do prazer é prejudicial: os preceitos virtuosos ficam escondidos; o que corrompe está manifesto.

XIII

Eu próprio sou de opinião (afirmo isso apesar do que dizem nossos partidários) que os preceitos de Epicuro são nobres e corretos e, se analisados sob uma perspectiva mais acurada, até severos. Ele reduz o prazer a algo pequeno e mesquinho. A mesma lei que atribuímos à virtude, ele atribui aos prazeres; isto é, obedecer à natureza. No entanto, o que é suficiente para a natureza é muito pouco para a luxúria. Então, o que ocorre? Existe quem chame felicidade o lazer preguiçoso, a gula e a luxúria, buscando apoio para sua conduta devassa. Quando encontra o prazer, sob um nome atraente, não adota aquele do qual ouve falar, mas, sim, aquele que já trazia consigo. Não é por isso, no entanto, que diria que a escola de Epicuro, segundo opinião da maioria, professa a perdição. Digo, no entanto, que está desacreditada, e sua fama é das piores, o que, em verdade, não passa de injustiça. Quem poderia saber isso senão aquele que nela fez sua iniciação? É o aspecto dele que dá margem a falatórios e levanta falsa esperança, da mesma forma que quando um homem muito másculo veste roupas femininas. Sua honra não é manchada, sua masculinidade continua intocável, uma vez que o corpo não sofre qualquer desonra, porém ele carrega a sineta na mão.[52] Quem se aproxima da virtude demonstra ter índole nobre. Ao contrário, quem segue o prazer demonstra ser fraco, degenerado, propenso ao vício mais sórdido, a não ser que haja quem o faça enxergar a diferença entre os prazeres e, dessa maneira, possa aprender quais deles são os que se encaixam nos limites da necessidade natural e quais os imoderados e insaciáveis, aqueles que quanto mais procurados mais se tornam exigentes.

Que a virtude tenha precedência, pois, assim, estaremos em segurança. O prazer excessivo prejudica; na virtude não há de se temer o excesso, porque ela mesma contém em si a medida adequada. Não poderia ser um bem o que padece por sua própria magnitude.

XIV

Para os que foram privilegiados com uma natureza racional, o que poderia ser-lhes oferecido de melhor senão a própria razão? Se é desejável tal união, se se quer que a felicidade acompanhe, a virtude deve permanecer à frente, e o prazer deve acompanhá-la, mantendo-se tão perto como a sombra de um corpo. No entanto, fazer da virtude escrava do prazer é coisa de uma alma incapaz de algo maior. Que a virtude seja quem leva o estandarte. Dos prazeres, devemos fazer uso moderado.

---

52. Os sacerdotes que serviam à deusa Cibele praticavam o celibato e vestiam roupas femininas nas cerimônias e nas procissões. A sineta na mão era um símbolo daquela categoria. (N.T.)

Algumas vezes, os prazeres poderão nos levar a alguma concessão, mas não devem nunca nos impor nada. Mas aqueles que tenham se entregue ao comando do prazer enfrentarão duas dificuldades. Primeiro, perdem a virtude e não têm o prazer, pois por ele são dominados; ou se atormentam pela sua falta, ou se sufocam em sua abundância. Infeliz quem dele se afasta, mas muito mais quem por ele for soterrado. Tal ocorre quando alguém é surpreendido pela tempestade no mar Sirtes.[53] Ou procura a praia, ou se deixa ficar a favor da violência das ondas.

Este é o resultado do excesso de prazer e de amor cego a qualquer coisa. Aquele que prefere o mal ao bem se coloca em perigo caso alcance o seu objetivo. Cansado e não sem riscos, porta-se como se estivesse à caça de animais selvagens. Mesmo após a captura, deve portar-se cautelosamente, porque, frequentemente, costumam devorar seus donos. Dessa forma, os grandes prazeres acabam trazendo tragédias a quem os cultiva, deixando-os dominados por eles.

Parece-me bom esse exemplo da caça. Como aquele que, abandonando suas ocupações e outros afazeres agradáveis, procura os esconderijos das feras, contente em armar-lhes armadilhas enquanto fecha o cerco com os latidos dos cães nos rastros dos animais, assim persegue os prazeres. Colocando-o frente a tudo o mais, o homem descuida, em primeiro lugar, da liberdade. Este

---

53. Na costa da África. (N.T.)

é o preço pago, já que prazer libertino não se compra, a ele se é vendido.[54]

XV

Poderias contestar: "O que impede a união de virtude e prazer como uma única coisa e o estabelecimento do bem supremo de modo que seja ao mesmo tempo nobre e agradável?" Acontece que não pode haver uma parte do virtuoso que não seja algo virtuoso, e o bem supremo não terá sua nobreza se guardar algo distinto do íntegro. Nem mesmo a alegria que vem da virtude, embora seja um bem, é uma parte do bem absoluto. Assim são a alegria e a tranquilidade, ainda que se originem de boas causas. É certo que são coisas boas, mas não fazem parte do bem supremo. Dele são apenas consequência. Qualquer um que estabeleça uma aliança entre o prazer e a virtude, mesmo sem colocá-los em pé de igualdade, faz com que a fragilidade de um deles debilite o quanto haja de vigor no outro, e coloca sob jugo a liberdade que só é invencível se não conhece nada de mais precioso do que ela mesma. De fato, necessita-se da sorte quando começa a escravidão. Disso advém uma vida plena de ansiedade, suspeita e inquieta, que se torna temerosa frente aos acontecimentos e no aguardo dos momentos do tempo. Dessa forma, não se propicia para a virtude uma sólida e permanente base, passa-se a restringi-la à condição de instabilidade. O que há de tão mais incerto do que a

---
54. Em latim: *Nec volutates sibi emit sed volutatibus vendit.* (N.T.)

espera das coisas fortuitas e da mudança do corpo e daquilo que o afeta? Como pode obedecer a deus e aceitar de bom grado tudo o que lhe ocorre, não queixar-se do destino e encontrar o lado positivo em qualquer evento, quando até o menor estímulo de prazer ou de dor o afeta? Quem se entrega aos prazeres não pode tornar-se defensor ou salvador da pátria nem protetor de seus amigos. Assim, deve-se colocar o bem supremo num lugar de onde nada possa de lá afastá-lo. A ele não deve ter acesso nem a dor, nem a esperança, nem o medo, nem qualquer outra coisa que possa ameaçá-lo. Só a virtude pode dele se aproximar.

Só a virtude pode lá chegar; passo a passo dominará o caminho, mantendo-se firme, suportando todos os imprevistos, sem resignação, mas com alegria, consciente de que as adversidades da vida fazem parte da lei da natureza. Como o bom soldado, que suporta os ferimentos, acumula cicatrizes e, mesmo à morte, traspassado por dardos, ainda admira o seu comandante aos pés do qual tomba.

Terá sempre em mente o velho preceito: seguir a deus.[55] Em vez disso, o que reclama, chora e geme é obrigado a fazer à força o que lhe é ordenado. Deixa-se arrastar, não caminha acompanhando os demais. É estupidez e falta de consciência da própria condição afligir-nos quando nos falta algo ou somos atingidos de forma mais violenta por adversidades. Da mesma forma, ficar

---

[55]. *Habebit illud in animo vetus oraeceptum: deus sequere.* Antiga máxima dos estoicos. (N.T.)

indignado com coisas que ocorrem tanto para os bons quanto para os maus, como doenças, luto, fraquezas e todos os demais infortúnios da vida humana. Devemos saber suportar com espírito forte tudo o que por lei universal nos é dado a enfrentar. É nossa obrigação suportar as condições da vida mortal e não nos perturbarmos com o que não está em nosso poder evitar. Nascemos em um reino onde obedecer a deus significa liberdade.

XVI

Para concluir, a verdadeira felicidade consiste na virtude. O que essa virtude te aconselha? Ela considera como bem apenas o que está unido à virtude e como mau o que tem ligação com a maldade. Mais ainda, manda que sejas inabalável, quer frente ao mal, quer junto ao bem, de forma a que possas imitar deus dentro dos limites de tua própria capacidade. O que ganhas com isso? Privilégios dignos dos deuses. Não serás forçado a nada. Não terás necessidade de nada. Serás livre, seguro e imutável. Nada tentarás executar em vão. Tudo ocorrerá conforme o teu desejo. Nada será contrário aos teus desejos nem à tua vontade.

"Então", perguntas, "basta a virtude para viver feliz?" "Se é perfeita e divina, por que então não é suficiente, ou melhor ainda, mais do que suficiente? O que faltaria àquilo que está além de qualquer desejo? Quem, ao contrário, ainda não alcançou a meta final da virtude, mesmo que já tenha empreendido longa caminhada, precisa, sim, de sorte, uma vez que ainda luta em meio aos desejos humanos enquanto não consegue os laços de tantos obstáculos da mortalidade."

Qual a diferença, então? A diferença reside em uns estarem algemados, outros decapitados e alguns estrangulados. Aquele que tenha atingido um plano superior, elevando-se ao máximo, leva algemas frouxas. Não se encontra ainda livre, mas já prevê a futura liberdade.

XVII

Alguém, dentre os que falam contra a filosofia, poderá dizer: "Por que há mais coragem em tua fala do que em tua vida? Por que moderas o tom de tua voz diante dos poderosos e julgas o dinheiro como necessário? Por que te abates diante de contrariedades? Por que choras a morte da esposa e do amigo? Por que és tão apegado à celebridade? Por que te afetam as palavras maldosas?

"Por que é que a tua área cultivada produz mais do que o necessário para viveres? Por que tuas refeições não seguem teus preceitos? Por que ter um mobiliário elegante também? Por que se bebe em tua casa um vinho mais velho do que o dono? Por que instalar um aviário? Por que são plantadas árvores só para te dar mais sombra? Por que tua esposa traz nas orelhas enfeites de igual valor ao dote de uma opulenta casa? Por que teus escravos vestem belas roupas? Por que é uma arte em tua casa servir a mesa, e são colocados talheres de prata, e tens até um mestre para cortar a carne?" Acrescenta ainda, se quiseres:

"Por que tens propriedades para além-mar, sem sequer saber quantas são elas? É uma pena que sejas tão negligente a ponto de não saber quem são os teus escravos, ou tão rico que perdes a conta de quantos são eles?"

Responderei logo às críticas e acusações que me fazes. Além disso, vou fazer mais objeções do que imaginas. Agora te responderei isto: "Eu não sou um sábio e, para que a tua malevolência se regozije, acrescento, nunca serei."

É por isso que não exijo ser igual aos melhores, apenas melhor que os maus. Basta-me que, a cada dia, eu corte um pouco os meus vícios e castigue os meus erros.

Não estou curado nem ficarei de todo sadio. Tomo mais calmante que remédios para o mal de gota e dou-me por feliz se os ataques são mais esporádicos, e as dores, um pouco menos dolorosas. Seja como for, comparado com tua caminhada, eu, mesmo impotente, ainda assim sou um corredor.

XVIII

Podes dizer: "Falas de uma maneira e ages de outra". Essas mesmas censuras, ó espíritos malignos e agressivos, contra indivíduos de virtudes, também foram feitas a Platão, Epicuro e Zenão. Eles também não procuravam apregoar o modo como viviam e, sim, o modo como se devia viver. Eis o motivo por que não estou falando de mim, mas da vida virtuosa em si. Quando falo contra os vícios, estou reprovando, em primeiro lugar, os meus. Portanto, se for possível, procurarei viver corretamente.

Não será a malignidade venenosa a me afastar dos meus objetivos, nem esse veneno, que é jogado sobre os outros, vai me impedir de elogiar não a vida que levo e, sim, a que deveria levar. Também não me impede de cultuar a virtude e de segui-la, mesmo que seja me arrastando e à grande distância.

Esperavas que eu escapasse da maldade que não poupou a magnitude de Rutílio e de Catão? Será que alguém se preocupa em parecer demasiado rico para aquelas pessoas para quem o cínico Demétrio não é bastante pobre? Mesmo contra um homem como ele, extremamente forte na luta contra todas as exigências naturais, sendo o mais pobre de todos cínicos, já que, além de ser proibido de ter qualquer coisa, também foi proibido de pedir, atreveram-se os difamadores a dizer que ele não era bastante pobre!

XIX

Negam que Diodoro, filósofo epicúreo, que há poucos dias terminou sua vida pelo seu próprio punho, agiu de acordo com os preceitos de Epicuro ao cortar o pescoço. Alguns querem ver loucura nessa ação; outros, ousadia. Ele, porém, feliz e com a consciência satisfeita, deixou com a vida testemunho sobre a tranquilidade de seus dias passados em porto seguro.

Da felicidade

Pronunciou uma frase que é ouvida contra a vontade, porque soa como um convite a ser imitado: "Vivi. Fiz a caminhada que o destino me traçou."

Discutem a vida de um, a morte de outro e, ao ouvirem a notícia da morte de um grande homem, ladram como animais de estimação ao ir ao encontro de pessoas desconhecidas. Interessa a esses que ninguém viva como uma pessoa de bem, já que a virtude alheia parece demonstrar os seus próprios vícios. Por inveja, comparam adornos brilhantes deles com as suas vestes miseráveis e não avaliam quanto isso traz de prejuízo para eles mesmos. Se homens dedicados à virtude são avaros, libidinosos e ambiciosos, quem são vocês, que não suportam a virtude a ponto de sequer querer ouvir-lhe o nome?

Afirmam que nenhum daqueles faz o que prega, não vivendo de acordo com a própria doutrina. Mesmo que isso fosse verdade, por acaso as palavras deles deixariam de ser grandiosas e superiores a todos os infortúnios humanos, posto que se esforçam para se soltar das cruzes nas quais cada um de vocês prende seus próprios pregos? Contudo, os condenados ao suplício estão suspensos na própria cruz. Os que se atormentam a si mesmos terão tantas cruzes quanto desejos. Realmente, os maledicentes se enfeitam com as ofensas dos outros. Acreditam, por isso, que estão isentos de culpa, se não fosse o fato de alguns cuspirem, do alto do patíbulo, nos espectadores.

XX

"Os filósofos não fazem o que dizem." É verdade que já fazem muita coisa quando falam e pensam honestamente. Se o comportamento deles fosse adequado às suas palavras, quem seria mais feliz do que eles?

Entretanto, não devemos ignorar as palavras boas e os corações repletos de bons pensamentos. O cultivo de resoluções saudáveis, independentemente do resultado, é louvável. Não é estranho que não atinja o topo quem escala encostas íngremes. Mas, se tu fores humano, admira, apesar da queda, os que se esforçam para conseguir grandes escaladas. Uma alma generosa, sem olhar para as próprias forças, apenas para a da natureza, aspira atingir os mais elevados objetivos, elaborar planos mais elevados do que ela pode realizar, mesmo com um espírito forte.

Há quem proponha a si mesmo o seguinte: "Olharei a morte com o mesmo ânimo com que ouvi falar sobre isso; suportarei qualquer cansaço com espírito forte, também desprezarei as riquezas presentes e futuras, sem ficar mais triste ou mais orgulhoso se elas estão em torno de mim ou em outro local; serei insensível aos ditames da sorte venturosa ou desafortunada; observarei todas as terras como se minhas fossem, e as minhas como se pertencessem a todos; viverei como alguém que sabe que nasceu para os outros e darei graças à natureza por isso."

A natureza foi muito benevolente para comigo, já que me entregou a todos os meus semelhantes e, por sua vez, tenho todos só para mim. Se tenho algo de meu, conservarei, sem ganância, mas também não esbanjarei prodigamente. Acredito ser o dono daquilo que ofereci de modo consciente. Não costumo avaliar os benefícios por número e peso, mas, sim, pelo valor dado a quem os recebe. Nunca será demais o que posso oferecer a quem o merece. Farei tudo o que minha consciência mandar, sem me submeter ao que os outros pensam. Mesmo que apenas eu saiba o que estou fazendo, agirei como se todos estivessem me vendo. Ao comer e beber, o meu objetivo será apenas atender a uma necessidade natural e não encher o estômago vazio. Serei agradável para com os amigos, gentil e indulgente para com os inimigos. Cederei antes que me solicitem, adiantando-me a todas as demandas honestas.

Sei que a minha pátria é o mundo, e que os deuses o comandam, e eles estão acima de mim e ao redor, agindo como censores de meus atos e de minhas palavras. Quando a natureza solicitar o meu espírito, ou minha razão ordenar que eu o libere, partirei dizendo que sempre cultivei a retidão de caráter e as melhores intenções, sem haver reduzido a liberdade de ninguém, muito menos a minha. Qualquer pessoa que pretenda, que queira, que se proponha a fazer isso estará trilhando a estrada que leva aos deuses. Caso não consiga atingir a meta, terá então sucumbido depois de ter ousado grandes coisas.

XXI

Tu, que odeias a virtude e quem a cultiva, nada de novo estás fazendo. De modo igual, quem tem algum problema na vista não suporta a luz, tal como os animais noturnos evitam o brilho do sol. Mal desponta a luz do dia, correm para seus refúgios e, com medo da claridade, escondem-se em qualquer buraco. Geme e grita, insultando os bons. Escancara a boca e morde. Assim, rapidamente quebrarás os teus dentes antes que deixem marcas.

Como é que um adepto da filosofia pode viver com essa opulência? Por que diz que despreza riqueza e é possuidor de tantos bens? Por que acha a vida desprezível e vive?

Despreza a saúde; no entanto, trata de preservá-la com todo o rigor, desejando estar em excelente forma. Por que julga a palavra exílio como absurda e, ao mesmo tempo, diz: "Que mal existe em mudar de país?" Por que, sendo isso possível, acaba envelhecendo em sua própria terra natal?

Assegura, além disso, que não existe diferença entre vida longa e vida breve, mas, nada impedindo, procura viver a mais longa existência possível, mantendo-se com energia até a mais avançada velhice.

Ele afirma que essas coisas devem ser ignoradas, não no sentido de que não devam ser possuídas e, sim, de que devam estar presentes sem ansiedade. Dessa maneira, não as joga fora, mas, vindo a perdê-las, continua sua caminhada com tranquilidade.

Onde a sorte acolhe, com maior segurança, as riquezas senão de onde poderá retomá-las sem protesto?

Marco Catão, embora louvasse Cúrio[56] e Coruncânio[57], naqueles tempos em que possuir um pouco de prata era crime punível pelos censores, tinha ele próprio quarenta vezes mais sestércios. Certamente valor menor do que possuía seu bisavô Crasso, mas maior do que Catão[58], o censor. Apesar disso, se outros bens lhe fossem oferecidos, não os desprezaria.

Da mesma forma, o sábio, não é considerado indigno ao ser agraciado pelo dom da fortuna. Não ama a riqueza, mas a aceita de bom grado. Permite que entre em sua casa, não a rejeita, desde que ela enseje oportunidades para a virtude.

XXII

Assim, não resta dúvida de que o homem sábio tem um campo mais vasto para desenvolver o seu espírito em meio à riqueza do que na pobreza. Na pobreza, a virtude consiste em não se deixar abater, não cair em desalento. Na riqueza, existe oportunidade para a temperança, a generosidade, o discernimento, a organização, a magnificência com total liberdade.

---

56. Cúrio, general que venceu os saarritas, sabinos e pirros, conhecido como modelo de virtude. (N.T.)

57. Coruncânio, primeiro sumo pontífice de origem plebeia. (N.T.)

58. Marcus Porcius Cato, chamado também o Antigo e, ainda, o Censor (234-149 a.C.). Político romano. (N.T.)

O sábio não se despreza caso seja de estatura pequena, embora preferisse ser mais alto.

Se for franzino ou tiver um olho a menos, assim mesmo terá consciência de seu valor, preferindo ser robusto, mas sem esquecer que algo de mais valioso existe dentro de si. Suportará a moléstia, mas desejará ter saúde. Existem muitas coisas, apesar de terem pouca importância para o todo, que podem faltar sem que causem prejuízo ao bem principal, embora possa propiciar alguma vantagem para a serenidade duradoura da virtude. Portanto, a riqueza é agradável para o sábio, assim como o vento favorável para o navegante, ou um dia ensolarado no frio do inverno.

Nenhum dentre os sábios – falo daqueles sábios para os quais a virtude é o único bem verdadeiro – sustenta que as vantagens da riqueza, ditas como indiferentes, não tenham o seu real valor. Também não nego que algumas coisas sejam preferidas a outras, uma vez que a algumas delas é dado certo valor e a outras, muito mais.

E não nos devemos enganar, portanto. As riquezas aparecem entre as preferidas.

Dirias, então: "Por que zombas de mim, se para ti elas têm o mesmo valor que para mim?"

Deves saber que o valor não é idêntico para nós. Para mim as riquezas, se as perdesse, não me diminuiriam em nada, apenas elas seriam reduzidas. Tu, ao contrário, ficarás abatido, sentindo-te como que privado de ti mesmo, caso te abandonem. Para mim, as riquezas têm certo valor, para ti, têm um valor imensurável.

Assim, as riquezas pertencem a mim, no teu caso, tu estás subordinado a elas.

XXIII

Deixa, por isso, de querer proibir aos filósofos o direito de possuírem bens. Ninguém condenou a sabedoria à miséria. O sábio poderá possuir grandes riquezas, desde que não sejam roubadas, manchadas com o sangue dos outros, que sejam adquiridas sem prejuízo algum, sem negócio sujo. Os gastos devem ser tão honestos como os ganhos, de forma que ninguém, exceto os maldosos, possa criticar. Os bens podem ser acumulados. São ganhos limpos, porque não há quem possa reivindicá-los, embora não falte quem queira tomá-los.

Com certeza, o sábio que não rejeita os favores da sorte não se vangloria e também não se envergonha de um patrimônio adquirido por meios honestos. Terá motivo para se sentir glorificado se, aberta a casa e convidada toda a cidade, puder dizer: "Se alguém descobrir algo de seu, pode levar embora". Grande será o homem que, ditas essas palavras, continue com os mesmos bens que tinha antes. Quero dizer que, se permitiu ao povo inquirir sobre ele com tranquilidade e sem preocupação, e ninguém encontrou nada para reivindicar, poderá ser rico de maneira franca e aberta.

O sábio não deixará transpor o limiar de sua casa dinheiro suspeito, mas não rejeitará, certamente, uma grande riqueza, quando dom da sorte ou fruto da virtude.

Por que lhes negar um bom lugar? Deixe-as entrar, serão aceitas. Não haverá ostentação, mas também não ocultará um grande valor, nem o jogará fora. O primeiro gesto seria tolice, o segundo, mesquinharia. O que lhes diria ele? "Você é inútil" ou "Eu não sei usar da riqueza?"

Da mesma forma, embora possa viajar a pé, prefere fazer isso com um veículo. Assim, se puder ser rico, vai preferir ser de verdade. Possuirá uma fortuna, mas estará consciente de que é algo inconstante e instável, não permitindo, portanto, que seja um fardo para si mesmo nem para os outros.

Dará... Por que aguças os ouvidos? Por que estendes a tua bolsa?

Dará a quem merecer ou a quem tenha potencial para ser merecedor, sabendo escolher, com grande prudência, os mais dignos, como quem lembra que deve dar conta tanto dos gastos quanto dos créditos. Dará por motivos justos, pois presente errado é inútil. Terá a bolsa aberta, mas não furada, da qual muito sai, sem esbanjar demais.

XXIV

Engana-se quem pensa que é fácil doar. Ao contrário, é mais difícil, visto que se deve agir com discernimento, e não por ímpeto ou instinto. Dou crédito a um, fico em débito com outro; presto favores àquele; tenho compaixão por este. Ajudo, para que não cometa desatinos, a quem não merece passar fome. Não darei um centavo a quem, mesmo precisando, por mais que receba, sempre quer receber mais.

A alguns apenas ofereço ajuda, enquanto que a outros, necessito convencê-los a receber. Não posso ser negligente nesse assunto, porque ao doar faço o melhor dos investimentos.

Então, dirás: "Tu dás para receber algo em troca?" Respondo: "Eu dou para que não se perca. O que for doado vai ficar em um lugar onde não pode ser reclamado, mas pode ser devolvido." O importante é que o benefício seja tratado como um tesouro que permaneça muito bem cuidado, guardado, sendo desenterrado apenas quando for necessário.

A casa do homem rico oferece material para fazer o bem. Quem disse que devemos ser generosos apenas para aqueles que usam toga? A natureza ordenou-me ser útil para os homens, sejam escravos ou livres, ou assim nascidos ou não. Qual a diferença se é uma liberdade legal ou concedida por amizade? Onde houver um ser humano, aí haverá possibilidade de se fazer o bem.

Também é possível doar dinheiro no interior de nossa casa, praticando a liberalidade, assim chamada não por que dirigida a indivíduos livres, mas porque parte de uma alma livre.

Não existe razão para escutares de má vontade as palavras fortes e corajosas de quem se guia pela sabedoria. Fica atento, pois uma coisa é o empenho para ser sábio, e outra, sê-lo de fato. Alguém irá dizer-te: "Eu falo muito bem, mas ainda me encontro envolvido com muitos males".

Não posso ser colocado em choque com meus princípios quando faço o máximo que posso, procuro melhorar e desejo um ideal grandioso. Apenas depois de ter alcançado os progressos que tinha em mente é que me poderia ser exigido o confronto entre o que falo e o que concretizo.

De maneira diversa, quem já atingiu o cume da perfeição falaria assim: "Antes de tudo, não podes emitir juízo sobre quem é melhor do que tu".

No que diz respeito a mim, sendo desprezado pelos maus, significa que estou no caminho certo. Para explicar-te, visto que a ninguém se deve negar, ouve o que vou dizer e qual o valor que dou pelas coisas em questão. Volto a afirmar que as riquezas não são coisas boas em si mesmas. Se realmente fossem, elas nos tornariam bons. Não me é possível definir como algo bom em si aquilo que também faz parte da vida de maus indivíduos. Enfim, estou convicto de que riquezas são úteis e proporcionam grande conforto à vida.

XXV

Escuta agora por que não incluo as riquezas entre os bens e por que a minha atitude no que diz respeito a elas é diferente da tua, embora seja consenso que é necessário possuí-las.

Coloca-me na mais opulenta casa onde não se distingue ouro e prata. Não tenho nenhuma admiração por estas coisas, que, mesmo estando junto a mim, estão fora de mim. Traslada-me para a ponte Sublício, entre

Da felicidade

os pobres e miseráveis. Não é por isso que pensarei ter menos valor só porque me encontro entre os que pedem esmola. Assim, o que muda? Eles não têm o que comer, mas não lhes falta o direito de viver. E daí? Seja como for, prefiro uma casa opulenta a uma ponte.

Põe-me no meio de um suntuoso e requintado mobiliário de luxo. Não é por esse motivo que serei mais feliz, por me encontrar sentado sobre almofadas macias ou por poder estender tapetes vermelhos sob os pés de meus convidados.

Troca o meu colchão, e não serei mais infeliz se puder descansar meus membros exaustos sobre um pouco de feno ou dormir sobre uma cama de circo com o estofado gasto devido à velhice da costura. O que isso significa? Eu prefiro mostrar-me vestido com a pretexta e ficar agasalhado, não deixando seminus ou descobertos os ombros.

Mesmo que todos os meus dias passem segundo meus desejos, que novas felicitações se juntem às anteriores, não me contentarei com isso.

Mesmo que o meu espírito seja atormentado por todos os lados com lutos, tristeza e contrariedades de qualquer tipo, de maneira que cada momento seja motivo de choro, nem por isso terei razão para reclamação. Mesmo sob tanta desgraça, não amaldiçoarei qualquer dia de minha vida. Tomei medidas para garantir que nenhum dia seja desastroso para mim.

Então? Eu prefiro temperar as minhas alegrias a reprimir a minha dor.

O grande Sócrates te diria o seguinte: "Faça-me vencedor de todas as nações, que o carro de Baco voluptuoso leve-me a partir do Oriente para Tebas, que os reis dos persas me façam consultas. Não é por isso que esquecerei que sou apenas um homem, mesmo sendo exaltado como um deus."

De repente, uma desgraça pode lançar-me do alto, e, assim, serei apenas carregado tal qual enfeite em carro alheio para o desfile de um vendedor orgulhoso e feroz. Não obstante, não me sentirei menos em carro alheio do que quando me encontrava em pé no meu, triunfante!

É isso mesmo, prefiro vencer a ser vencido. Desprezo a sorte com toda convicção, mas, se me for dado escolher, escolherei o que me for mais agradável. Aconteça o que acontecer, será uma coisa boa para mim, no entanto, será melhor ainda ser for algo prazeroso que não cause a menor perturbação.

Então, não acho que haja qualquer força sem trabalho, porém, com relação a algumas virtudes, é preferível o uso de esporas e, com outras, o do freio.

Da mesma forma que o corpo deve ser retido em uma descida e ser impulsionado em uma subida, também há virtudes para um declive e outras para a escalada.

Há alguma dúvida que a constância, a tenacidade, a perseverança impliquem cansaço, esforço e resistência como todas as outras virtudes que se opõem às adversidades? Ao contrário, não é evidente que a liberalidade, a temperança e a mansidão seguem em disparada?

Da felicidade

De um lado, deve-se frear o espírito para não escorregar; de outro, empurrá-lo e incentivá-lo vivamente. Por isso, na pobreza, vamos fazer uso de virtudes aptas à luta; na riqueza, daquelas mais cuidadosas, que controlam os movimentos e mantêm o equilíbrio.

Feita essa divisão, prefiro fazer uso daquelas que podem ser cultuadas na tranquilidade em lugar de controlar as que exigem muito sangue e suor.

Por isso, o sábio disse: "Não sou eu que falo de uma maneira e vivo de outra. És tu que entendes uma coisa por outra. Estás ouvindo o que te chega aos ouvidos, mas não procuras entender o significado das palavras."

XXVI

"Então, o que há de diferente entre mim, desvairado, e ti, sábio, já que nós dois desejamos posses?"

"Muita coisa. As riquezas servem ao sábio, enquanto comandam o louco. O sábio não permite nada às riquezas; elas, a ti, tudo permitem. Tu, como se a ti tivesse sido garantida posse eterna, ficas preso a elas como se fosse um vínculo habitual. O sábio pensa na pobreza justamente quando está instalado na riqueza."

Jamais um general confia na paz a ponto de deixar de lado a vigilância e a preparação para uma guerra. Embora sem combate, a guerra continua declarada.

Para ti, basta uma casa luxuosa para que te tornes arrogante, como se ela não pudesse desmoronar ou queimar. A riqueza te embriaga porque pensas que ela tem o poder de superar qualquer dificuldade e que o destino não poderá aniquilá-la. Ficas despreocupado em meio à riqueza sem o menor cuidado com o perigo que ela pode trazer.

Da mesma forma, os bárbaros, estando cercados, não conhecem a utilidade das máquinas de guerra e olham indiferentes o cansaço dos inimigos, não compreendendo para que servem aquelas coisas construídas à distância.

O mesmo acontece contigo. Ficas envaidecido com os teus pertences e não pensas nas desgraças que ameaçam de todos os lados. Elas se preparam para arrebatar a presa valiosa. Qualquer um pode tirar a riqueza do sábio, mas não lhe tiram os bens verdadeiros, porque ele vive feliz no presente e está despreocupado com o futuro.

"Nada" – dirá Sócrates, ou algum outro que tenha a mesma autoridade e o mesmo poder sobre as coisas humanas – "prometi a mim mesmo com mais firmeza do que não submeter os atos de minha vida à opinião alheia. Joguem sobre mim suas duras palavras. Não pensarei estar sendo injuriado, pois parecem gemer como criaturas infelizes."

Isso dirá aquele a quem foi dada a sabedoria, porque, livre de vícios, sente-se levado a julgar os outros não por raiva e, sim, por bem. Acrescentará, ainda: "A opinião de vocês me abala não porque sou atingido, mas porque vocês continuam a praguejar contra a virtude como inimigos dela, não lhes restando nenhuma esperança de mudança de atitude."

A mim não causas nenhuma afronta. De fato, quem destrói os altares não ofende aos deuses, mas fica clara a sua má intenção, mesmo ali onde não consegue causar nenhum dano.

Tolero tais tolices tal como Júpiter tolera as fantasias dos poetas. Um lhe dá asas; outro, coroa; um outro o representa como adúltero, vagando pelas noites; outro o faz sequestrador de homens livres e até de seus familiares; outro, por fim, parricida e usurpador do reino paterno.

Se fôssemos acreditar nisso, pareceria que os deuses nada fizeram senão tirar dos homens a vergonha do pecado.

Embora isso não me atinja, quero advertir para o seu proveito: "Olha a virtude com respeito; confia naqueles que, tendo-a seguido durante toda a vida, demonstram tratar-se de algo muito importante e que sempre ganha novas dimensões de grandeza. A ela como aos deuses e a seus oráculos, tal qual sacerdote, venera. Sempre que forem citados textos sagrados, mantém silêncio respeitoso para ouvir."

XXVII

Quando alguém agita o sistro e apregoa, sob encomenda, frivolidades mentirosas; quando o impostor finge estar ferindo os braços e ombros e o faz de leve; quando uma mulher se arrasta pelas ruas, de joelhos, gritando; quando um velho, vestido de linho e louro, com uma lanterna na mão, em pleno dia, grita dizendo que algum deus está irritado, vocês acodem e juram que se trata de pessoas inspiradas pelos deuses. Procedendo assim, estão promovendo a própria perturbação.[59]

Sócrates, da prisão, purificada com a sua presença e tornada mais honrosa do que qualquer cúria, proclama: "Que loucura é essa, tão inimiga dos deuses e dos homens, que destrata a virtude e profana com palavras maldosas as coisas sagradas? Se puderes, elogia o bom, se não, segue o teu caminho. Mas, se gostas de ser infame, agridam-se mutuamente. Quando ficas furioso contra o céu, não vou dizer que cometes um sacrilégio, apenas lutas em vão."

Eu próprio fui, certa vez, zombado por Aristófanes. Todos aqueles poetas satíricos me envenenaram com suas anedotas sobre mim. Minha força, no entanto, foi reforçada graças aos golpes com que pensaram destroçá-la. Foi-lhe proveitoso ser posta à prova. Ninguém entendeu o quão grande era como aqueles que, ao tentar atingi-la, sentiram o seu poder. Ninguém conhece melhor a dureza das pedras do que o escultor.

Eu sou como uma rocha isolada em meio a um mar agitado. Quando a maré baixa e as ondas não param de flagelar de todos os lados, sem descanso, nem mesmo depois de séculos de constantes investidas, não conseguem removê-la ou desgastá-la. Assaltem-me, ataquem-me. Eu vencerei a todos resistindo. Quem se atira contra um recife, está praticando a violência contra si próprio. Assim, procurem um alvo mais maleável para atirar os seus dardos.

---

59. Referência às práticas públicas de culto a Ísis e a Cibele. Sêneca critica as superstições em moda naquele tempo. (N.T.)

Vocês têm tempo para investigar os males dos outros e lançar julgamentos como este: por que este filósofo vive em casa tão ampla? Por que oferece jantares tão lautos? Ficam a ver brotoejas nos outros quando têm o corpo coberto de feridas.

Parecem como alguém que, tendo o corpo tomado por lepra, zomba de manchas e verrugas em belos corpos.

Criticam Platão por ter pedido dinheiro; Aristóteles por ter recebido; Demócrito por ter negligenciado; Epicuro por ter esbanjado. A mim, criticam por causa de Alcebíades e de Fedro. Vocês seriam mais felizes se pudessem imitar os nossos vícios!

Por que não olham para os seus próprios males, que estão a atacar seu exterior e a devorar suas entranhas? Os assuntos humanos – ainda que conheçam pouco o seu estado – não estão em tal situação para que sobre espaço para vocês darem com a língua nos dentes, ferindo os que são mais dignos e melhores que vocês.

Mas vocês não compreendem isso. Estão sempre demonstrando atitudes que não se ajustam às suas vidas. Parecem com aqueles que, desfrutando o circo ou o teatro, esquecem o luto de suas casas.

Mas eu, que vejo de cima, percebo a tempestade ameaçando explodir em breve, com suas nuvens já perto, prontas para arrancar e espalhar suas riquezas.

O que eu digo? Em breve? Não, agora mesmo. Ainda que não pensem nisso, um furacão vai envolver suas almas que, ao tentarem escapar sem se desprender da volúpia, serão jogadas para o alto ou precipitadas para as profundezas.